Voci d'Italia Series
Italia allo specchio

Authentic readings for
advanced students

Scelta di letture guidate

Doriana Provvedi-Fournier

con la collaborazione di
Enrico Ferrari

D1736087

NTC NATIONAL TEXTBOOK COMPANY • Lincolnwood, Illinois

This edition first published in 1988 by
National Textbook Company, 4255 West Touhy Avenue,
Lincolnwood (Chicago), Illinois 60646-1975 U.S.A.
Originally published by Edizioni Scolastiche Bruno Mondadori.

Voci d'Italia è una raccolta di testi di autori italiani, divisa in tre volumi. Le difficoltà di lettura sono graduate in progressione dal primo volume al terzo.

☐ Questo *terzo volume* raccoglie i testi secondo temi di interesse evocati da citazioni di noti autori: *Amore, gioventù, liete parole* (S. Penna), *Lavorare stanca* (C. Pavese), *Lasciatemi divertire* (A. Palazzeschi).

☐ I testi così raccolti e la parte didattica stimolano l'esercizio linguistico e il ripasso grammaticale e insieme offrono un'immagine di vita e "civiltà" italiane.

☐ Ogni brano è corredato di note esplicative e di una serie di esercizi di comprensione del testo, di conversazione e di approfondimento della lingua.

Indice

1

Amore, gioventù, liete parole

Il capitolo tratta dell'infanzia, con le sue favole, i sogni, le fantasie; l'adolescenza (scuola e compagni); la prima giovinezza: gioie, patemi, dubbi, incertezze; la nascita dell'amore.

2

Lavorare stanca

È il capitolo dell'età adulta, caratterizzato dalle responsabilità e dal lavoro. I diversi mestieri dell'uomo, dai più tradizionali ai più inconsueti. I problemi del lavoro, ma anche il lavoro come conquista e come piacere.

Indice

3

Lasciatemi divertire

Capitolo dedicato
alle attività
del tempo libero:
giochi, passatempi, sport,
hobby. Lettura,
spettacoli, canzoni,
vacanze.

Fuggono i giorni lieti...

Fuggono i giorni lieti
Lieti di bella età.
Non fuggono i divieti
alla felicità.

Sandro Penna,
Poesie

Sandro Botticelli,
Venere, 1482

Useppe e Bella

Ida, insegnante elementare, affida al suo cane Bella il figlio Useppe, di cinque anni. Nino, il figlio maggiore di Ida, è morto da poco in un infortunio. La scena si svolge nel quartiere popolare del Testaccio, a Roma, nel 1947.

Ida finì con l'affidare del tutto Useppe a Bella. Essa sentiva con certezza che la propria fiducia non era sbagliata: e del resto, che altro avrebbe potuto fare? Le uscite con Bella erano il solo svago del ragazzino. Oramai, nel chiuso delle stanzucce, anche Useppe, a somiglianza di Bella, si straniava[1] inquieto come un'anima in pena,[2] tanto che nemmeno alla mattina Ida non osava più di incarcerarlo[3] dentro casa come soleva[4] già nell'inverno. Per solito, dopo la telefonata quotidiana della madre,[5] i due pronti sortivano:[6] tanto che Bella aveva presto imparato a riconoscere lo squillo dell'apparecchio come un pre-segnale di libera uscita: e all'udirlo si dava a fare[7] dei balzi immensi, accompagnati da evviva fragorosi e da piccoli starnuti di soddisfazione.

Però, puntualmente (quasi tenesse un orologio di precisione dentro il suo testone d'orsa) essa alle ore dei pasti riconduceva Useppe a casa.

Sui primi tempi, i due non si allontanavano troppo da Via Bodoni.[8] Le loro colonne d'Ercole[9] erano da una

1. **si straniava**: si sentiva estraneo, girellava senza meta per la casa.
2. **un'anima in pena**: si dice di chi non trova pace da nessuna parte.
3. **non osava più di incarcerarlo**: non osava più incarcerarlo (forma più corrente).
4. **soleva**: era solita fare.
5. **della madre**: Ida, a scuola tutte le mattine, telefona ogni giorno al figlio per tranquillizzarsi sul suo conto.
6. **sortivano**: forma popolare per "uscivano".
7. **si dava a fare**: si metteva a fare.
8. **Bodoni**: (1740-1813) editore e inventore di caratteri tipografici famosi (bodoniani).
9. **le ... colonne d'Ercole**: il limite della zona in cui potevano vagare.

parte il Lungotevere,[10] poi le pendici dell'Aventino,[11] e più in là Porta San Paolo. Forse, ancora oggi qualche abitante del quartiere Testaccio ricorda di aver visto passare quella coppia: un cane grosso e un ragazzino piccolo, sempre soli e inseparabili. In certi punti d'importanza speciale, i due si arrestavano, in un doppio palpito irresistibile,[12] per cui si vedeva il ragazzino dondolarsi sulle gambette e il cane agitare febbrilmente la coda. Ma bastava che, dall'altra parte, qualcuno mostrasse d'accorgersi di loro, perché il bambino si ritraesse in fretta, seguito docilmente dal cane. La primavera già riversava all'aperto[13] una folla di rumori, voci, movimenti. Dalle strade e dalle finestre si chiamavano nomi: "Ettoree! Marisa! Umbè!..."[14] e talora anche: "Nino!..."[15] A questo nome, Useppe accorreva trasfigurato e con gli occhi tremanti, staccandosi da Bella di qualche passo verso una direzione imprecisa. E Bella a sua volta alzava un poco le orecchie, quasi a condividere almeno per un attimo quell'allarme[16] favoloso, per quanto sapesse, invero, la sua assurdità. Difatti essa rinunciava a seguire il bambino, accompagnandolo, ferma in attesa, dal proprio posto, con uno sguardo di perdono e d'esperienza superiore. Poi, come[17] Useppe, quasi immediatamente, ritornava indietro svergognato,[18] lo accoglieva con questo medesimo sguardo. Non erano pochi i Nini e Ninetti viventi nel quartiere; e anche Useppe, in verità, non lo ignorava.

Elsa Morante, *La storia*, Einaudi, 1974.

10. **Lungotevere**: via che si trova "lungo" il Tevere (Lungarno a Firenze, Lungopo a Torino ecc.).
11. **Aventino**: colle di Roma.
12. **palpito irresistibile**: i loro cuori battono forte forte per il piacere di guardare cose nuove.
13. **all'aperto**: dal chiuso delle case.
14. **Umbè**: troncamento di Umberto.
15. **Nino**: (Ninetto) diminutivo di Antonio.
16. **allarme**: grido. Bella, per un momento fa finta di credere che chiamino Nino purtroppo morto, ma sa che non è vero.
17. **come**: quando, o anche alla francese: siccome, poiché.
18. **svergognato**: umiliato.

Per comprendere il testo

1. Ida affida volentieri il suo bambino o agisce così perché non può fare altrimenti?

2. Cosa aspettano il bambino e il cane prima di uscire?

3. A che ora Useppe viene ricondotto a casa?

4. Qual è la meta delle loro passeggiate?

5. In quale quartiere di Roma si aggirano?

6. Ricercano la compagnia di altre persone, di altri animali?

7. Perché il nome di Nino fa tremare Useppe?

8. A chi pensa?

9. Chi cerca?

10. Bella lo segue nelle sue illusioni?

Per conversare

1. Vi pare che Ida abbia fiducia in Bella?

2. Cosa significa lo "sguardo di perdono e di esperienza superiore"?

3. Cosa direbbe il cane a Useppe, se potesse parlare?

4. Il bambino ignora del tutto il significato della vita e della morte? (Cfr. fine del testo.)

5. Con quali procedimenti Elsa Morante crea un patetico contrasto fra il bambino "piccolo" e il cane "grosso"?

6. Si può dire che Bella è un cane eccezionale?

7. In che senso?

8. Avete un cane o un altro animale domestico? Parlatene.

Per capire la lingua

1. A libro chiuso e dopo aver letto molto attentamente il testo, segnate la risposta giusta.

	cinque anni	☐
Useppe ha	sette anni	☐
	tre anni	☐

	tutta la mattina	☐
La madre di Useppe lavora	tutto il pomeriggio	☐
	tutta la notte	☐

	ricercano la compagnia d'altre persone	☐
Useppe	preferiscono restare soli	☐
e Bella	hanno un solo amico	☐

Useppe e Bella escono	dopo la telefonata della madre	☐
	prima della telefonata della madre	☐
	quando vogliono	☐

La scena si svolge	in estate	☐
	in inverno	☐
	in primavera	☐

La scena si svolge	nei pressi del Tevere	☐
	in piazza Navona	☐
	vicino al Gianicolo	☐

Il fratello di Useppe	è partito	☐
	è morto	☐
	è a scuola	☐

Useppe si commuove quando sente il nome	di Ettore	☐
	di Umberto	☐
	di Nino	☐

Bella sa che Nino	ritornerà presto	☐
	ritornerà un giorno	☐
	non ritornerà mai	☐

Bella accoglie Useppe	con uno sguardo di perdono	☐
	con uno sguardo di rimprovero	☐
	con uno sguardo di odio	☐

Nel quartiere i ragazzi di nome Nino erano	molti	☐
	pochi	☐
	nessuno	☐

Useppe	sapeva che erano molti	☐
	sapeva che erano pochi	☐
	sapeva che non ce n'era nessuno	☐

2. Mettete al presente l'inizio del brano fino alla parola "ragazzino".

3. Trasformate le frasi secondo l'esempio:
Basta che qualcuno (mostrare) d'accorgersi di loro.
a. *Basta* che qualcuno *mostri* d'accorgersi di loro.
b. *Bastava* che qualcuno *mostrasse* d'accorgersi di loro.

1. Basta che i due (non allontanarsi) troppo da via Bodoni.
2. Basta che una famiglia di zingari (accamparsi) al Testaccio.
3. Basta che la primavera (riversare) all'aperto una folla di rumori.

Bambino terribile

La scena si svolge in uno scompartimento del treno Roma-Agrigento. Vi si trovano una famiglia siciliana, composta di padre, madre e due bambini: Lulù (sei anni) e Nenè (quattro anni). C'è anche una loro giovane parente e un ingegnere del Nord. Nenè ha fame e vuole la mortadella, pur sapendo che gli fa venire l'orticaria.

« **V**oglio mortadella» disse Nenè.
«Nomina ancora mortadella: e viene il maresciallo[1] ad arrestarti» minacciò il padre.
«Non la nomino: la voglio» disse Nenè prontamente aggirando il veto.[2]
«È intelligente quanto un diavolo» disse il padre con orgoglio.
«La voglio» ribadì[3] Nenè.
«No no e no» disse il padre.
«Appena arriviamo a casa» disse Nenè «a zia Teresina racconterò che l'avete sparlata[4] con zio Totò.»
«Noi l'abbiamo sparlata?» disse la madre mettendosi la mano sul petto, preoccupata ed accorata.[5]
«Tu e papà: avete detto a zio Totò che la zia è avara, che non si lava, che fa azioni maligne...»[6] precisò Nenè con feroce memoria.
«Gli do la mortadella» disse il padre.
«Dagliela» approvò la madre «e quando sarà tutto rosso d'orticaria,[7] tutto prurito, andrà a farsi grattare da zia Teresina.»
«Mi gratto contro il muro» disse Nenè vittoriosamente afferrando la mortadella che il padre gli porgeva.

Leonardo Sciascia, *Il mare colore del vino* (1971), Einaudi, 1985.

1. **il maresciallo**: il maresciallo dei carabinieri, figura che fa paura a Nenè.
2. **aggirando il veto**: dicendo *la voglio*, Nenè *non nomina* la mortadella e rispetta così gli ordini del padre. (*Veto*: termine latino che significa "mi oppongo".)
3. **ribadì**: ripeté.
4. **l'avete sparlata**: avete parlato male di lei.
5. **accorata**: addolorata.
6. **maligne**: cattive.
7. **orticaria**: malattia della pelle che provoca macchioline rosse o bianche, irritanti.

Per comprendere il testo

1. Dove si svolge la scena?
2. Chi parla?
3. Chi ascolta?
4. Quanti anni ha Nenè?
5. Che cosa vuole?
6. Come fa per aggirare il veto del padre?
7. Che minacce rivolge ai suoi genitori?
8. Come reagiscono questi ultimi?
9. Chi la spunta alla fine?

Per conversare

1. Da che cosa si capisce che i genitori di Nenè hanno sparlato davvero della zia Teresina?

2. Vi sembra che Nenè abbia paura dell'orticaria?

3. È intelligente o astuto questo bambino?

4. Sono autoritari il padre e la madre?

5. Perché cedono al ricatto di Nenè?

Per capire la lingua

1. **Trasformate sul modello:**
   Il padre porge la mortadella a Nenè / Il padre gliela porge.

   — La madre accarezza i capelli di Nenè.
   — Il bambino parla alla madre della zia Teresina.
   — Nenè chiede due banane al padre.
   — Nenè dà uno schiaffo al fratello.
   — Il padre porge due caramelle al figlio.

2. **Riempite il casellario secondo le definizioni indicate.**
   Nella terza colonna leggerete il nome vero di Nenè (Nenè è un diminutivo).

1								
2								
3								
4								
5								
6								
7								
8								

1. Terribile, come Nenè.
2. Che è da temersi.
3. Grande paura.
4. Monocorde, noioso.
5. Mirabile, bellissimo.
6. Dar denaro in pagamento.
7. Contentezza, gioia.
8. La capanna con Gesù, la Vergine, san Giuseppe, il bue, l'asinello e i pastori accorsi ad adorare.

13

La più celebre scolaresca d'Italia

spalle : backside

25, martedì

Il ragazzo che mi piace più di tutti, si chiama Garrone, è il più grande della classe, ha quasi quattordici anni, la testa grossa, le spalle larghe; è buono, si vede quando sorride; ma pare che pensi sempre, come un uomo. Ora ne conosco già molti dei miei compagni. Un altro mi piace pure, che ha nome Coretti, e porta una maglia color cioccolata e un berretto di pelo di gatto: sempre allegro, figliuolo d'un rivenditore di legna, che è stato soldato nella guerra del '66, nel quadrato del principe Umberto,[1] e dicono che ha tre medaglie. C'è il piccolo Nelli, un povero gobbino,[2] gracile e col viso smunto.[3] C'è uno molto ben vestito, che sempre si leva i peluzzi dai panni, e si chiama Votini. Nel banco davanti al mio c'è un ragazzo che chiamano il "muratorino", perché suo padre è muratore; una faccia tonda come una mela, con un ñaso a pallottola:[4] egli ha un'abilità particolare, sa fare *il muso di lepre*, e tutti gli fanno fare il muso di lepre e ridono; porta un piccolo cappello a cencio[5] che tiene appal-

testa : head

pure = too

gracile : frail
muratore : bricklayer.—

1. Il celebre episodio di cui fu protagonista il principe Umberto di Savoia, nel 1866 a Custoza, durante la terza guerra d'indipendenza, quando, preso il comando d'un battaglione e fattolo disporre in quadrato, resistette valorosamente ad un inaspettato assalto degli Ulani austriaci.
2. **gobbino**: diminutivo di gobbo.—*hunchback*
3. **smunto**: magro e pallido.
4. **a pallottola**: dalla punta rotonda come una piccola palla.
5. **a cencio**: di panno cedevole, moscio.

14

**Siamo a Torino all'inizio dell'anno scolastico
1881-82. Il ragazzo-narratore, Enrico, ci parla
dei suoi compagni di classe. Poco letto e poco
apprezzato dai ragazzi di oggi (i difetti dell'opera
sono ormai famosi come l'opera stessa),** *Cuore*
**è stato un classico della letteratura giovanile per
almeno due generazioni d'italiani. Il libro
è stato tradotto in tutte le lingue, anche in
giapponese, in indiano e in latino.**

lottolato in tasca come un fazzoletto. Accanto al muratorino c'è Garoffi, un coso[6] lungo e magro, col naso a
becco di civetta e gli occhi molto piccoli, che traffica
sempre con pennini, immagini e scatole di fiammiferi,
e si scrive la lezione sulle unghie per leggerla di nascosto. C'è poi un signorino, Carlo Nobis, che sembra
molto superbo, ed è in mezzo a due ragazzi che mi
son simpatici: il figliuolo d'un fabbro ferraio, insaccato[7] in una giacchetta che gli arriva al ginocchio, pal-
lidino che par[8] malato e ha sempre l'aria spaventata e
non ride mai; e uno coi capelli rossi, che ha un braccio morto, e lo porta appeso al collo: — suo padre è
andato in America e sua madre va attorno[9] a vendere
erbaggi.[10] È anche un tipo curioso il mio vicino di
sinistra, — Stardi, — piccolo e tozzo,[11] senza collo, un
grugnone[12] che non parla con nessuno, e pare che
capisca poco, ma sta attento al maestro senza batter
palpebra, con la fronte corrugata[13] e coi denti stretti: e
se lo interrogano quando il maestro parla, la prima e
la seconda volta non risponde, la terza volta tira un

6. **un coso**: un tipo.
7. **insaccato**: vestito male, come se avesse addosso un
   sacco (porta una vecchia giacca del padre perché non
   può comperarne una nuova).
8. **par**: pare, sembra.
9. **va attorno**: va in giro per la città.
10. **erbaggi**: ortaggi, verdura.
11. **tozzo**: massiccio, troppo largo rispetto all'altezza.
12. **grugnone**: che sta sempre serio (musone).
13. **corrugata**: con le rughe, increspata per lo sforzo di
    concentrazione.

*Scuola italiana d'altri tempi: una classe elementare
che potrebbe essere quella dei protagonisti del* Cuore.

calcio. E ha daccanto una faccia tosta e trista,[14] uno
che si chiama Franti, che fu già espulso da un'altra
Sezione.[15] Ma il più bello di tutti, quello che ha più
ingegno, che sarà il primo di sicuro anche quest'anno, è Derossi; e il maestro, che l'ha già capito, lo interroga sempre. Io però voglio bene a Precossi, il figliuolo del fabbro ferraio, quello della giacchetta lunga,
che pare un malatino; dicono che suo padre lo batte;
è molto timido, e ogni volta che interroga o tocca
qualcuno dice: — Scusami, — e guarda con gli occhi
buoni e tristi. Ma Garrone è il più grande e il più
buono.

Edmondo De Amicis, *Cuore* (1886), Rizzoli, 1978.

14. **tosta e trista**: impertinente e cattiva.
15. **Sezione**: scuola.

16

Per comprendere il testo

1. Come si chiama il ragazzo preferito da Enrico, il narratore?
2. Quanti anni ha?
3. In che modo è presentato?
4. Com'è vestito Coretti?
5. Perché si parla di suo padre?
6. Qual è la deformità del piccolo Nelli?
7. E la specialità del "muratorino"?
8. Come si manifesta la vanità di Votini?
9. E l'abilità commerciale di Garoffi?
10. Descrivete Precossi, il figlio del fabbro ferraio e dite che sentimenti prova Enrico nei suoi riguardi.
11. Che fanno il padre e la madre del ragazzo col "braccio morto"?
12. Perché Stardi non sorride mai?
13. Cosa rappresentano, rispettivamente, Derossi e Franti?

Per conversare

1. In qualche parte del mondo potrebbe ancora esistere una classe così?

2. Siete in grado di descrivere alla maniera del *Cuore* le persone che vi circondano in classe o altrove?

Per capire la lingua

1. Attribuite ad ogni allievo la sua qualità specifica.

1. Derossi	A. testardaggine	1	
2. Precossi	B. superbia	2	
3. Votini	C. perfezione	3	
4. Franti	D. afflizione	4	
5. Stardi	E. gaiezza	5	
6. Garrone	F. industriosità	6	H
7. Nelli	G. timidezza	7	
8. Nobis	H. bontà	8	
9. Coretti	I. malvagità	9	
10. Garoffi	L. vanità	10	

2. Spiegate le espressioni in nero che ritornano spesso nel vocabolario scolastico.

— Franti **marinava** spesso **la scuola**.
— Stardi era uno **sgobbone: imparava** tutto **a mente**.
— Derossi era **bravissimo** in tutte le materie.
— Hai studiato la poesia? La so **a menadito**.
— Coretti è stato **promosso** a giugno; Franti è stato **bocciato** e Votini **rimandato** in italiano.
— Quando avrò ottenuto la **maturità** mi metterò a lavorare.
— Ti piace la matematica? **Non ci capisco un'acca.**

17

Scuola

Negli azzurri mattini
le file svelte e nere
dei collegiali. Chini
su libri poi. Bandiere
di nostalgia campestre
gli alberi alle finestre.

Sandro Penna, *Poesie* (1939), Garzanti, 1957.

Autoritratto di una sedicenne

A sedici anni ero una vera bellezza. Avevo il viso di un ovale perfetto, stretto alle tempie e un po' largo in basso, gli occhi lunghi, grandi e dolci, il naso dritto in una sola linea con la fronte, la bocca grande, con le labbra belle, rosse e carnose e, se ridevo, mostravo denti regolari e molto bianchi. La mamma diceva che sembravo una madonna. Io mi accorsi che rassomigliavo a un'attrice del cinema in voga[1] in quei tempi, e presi a pettinarmi come lei. La mamma diceva che, se il mio viso era bello, il mio corpo era cento volte più bello; un corpo come il mio, diceva, non si trovava in tutta Roma. Allora non mi curavo del mio corpo, mi pareva che la bellezza fosse tutta nel viso, ma oggi posso dire che la mamma aveva ragione. Avevo le gambe dritte e forti, i fianchi tondi, il dorso lungo, stretto alla vita e largo alle spalle. Avevo il ventre, come l'ho sempre avuto, un po' forte, con l'ombelico che quasi non si vedeva tanto era sprofondato nella carne; ma la mamma diceva che questa era una bellezza di più, perché il ventre deve essere prominente e non piatto come si usa oggi. Anche il petto l'avevo forte ma sodo[2] e alto, che stava su senza bisogno di reggipetto: anche del mio petto quando mi lamentavo che fosse troppo forte, la mamma diceva che era una vera bellezza, e che il petto delle donne, oggidì, non valeva nulla. Nuda, come mi fu fatto notare più tardi, ero grande e piena, formata come una statua, ma vestita parevo invece una ragazzina minuta[3] e nessuno avrebbe potuto pensare che fossi fatta a quel modo. Ciò dipendeva, come mi disse il pittore per il quale incominciai a posare, dalla proporzione delle parti.

Fu la mamma che mi trovò quel pittore: prima di spo-

1. **in voga**: che andava di moda.
2. **sodo**: fermo.
3. **minuta**: gracile.

Amedeo Modigliani, Giovane rossa in camicia
(particolare), 1918.

sarsi e di fare la camiciaia, era stata modella; un pittore
le aveva dato da fare delle camicie e lei, ricordandosi
del suo antico mestiere, gli aveva proposto di farmi
posare. La prima volta che mi recai dal pittore, la
mamma volle accompagnarmi, sebbene protestassi
che potevo benissimo andarci da sola. Provavo ver-
gogna, non tanto di avere a spogliarmi di fronte ad un
uomo per la prima volta in vita mia, quanto delle cose
che prevedevo la mamma avrebbe detto per invogliare[4] il pittore a farmi lavorare. E infatti, dopo avermi aiutata a sfilare le vesti per il capo e avermi fatta
mettere tutta nuda in piedi nel mezzo dello studio, la
mamma accalorata[5] incominciò a dire al pittore: "Ma
guardi che petto... che fianchi... guardi che gambe...
dove li trova lei un petto, delle gambe, dei fianchi
come questi?". Pur dicendo[6] queste cose, ella mi toccava, proprio come si fa con le bestie per invogliare i
compratori al mercato. Il pittore rideva, io mi vergo-
gnavo e, siccome era d'inverno, avevo molto freddo.
Ma capivo che non c'era alcuna malizia nella mamma e che lei era fiera della mia bellezza perché mi
aveva messo al mondo e, se ero bella, lo dovevo a lei.

Alberto Moravia, *La romana* (1947), Bompiani, 1979.

4. **invogliare**: convincere.
5. **accalorata**: piena di entusiasmo, eccitata.
6. **Pur dicendo**: mentre diceva.

Per comprendere il testo

1. Che cosa dice Adriana, la giovane protagonista
   del testo, a proposito del suo viso, dei suoi occhi, del suo
   naso, delle sue labbra, del suo seno?
2. A chi la paragona la madre?
3. Quali sono le caratteristiche del corpo di Adriana?
4. Perché si lamenta del suo petto?
5. La mamma su questo punto è d'accordo con lei?
6. Che ambizioni nutre per Adriana?
7. Perché vuole accompagnarla dal pittore?
8. Che cosa dice per convincere il pittore a prendere
   Adriana come modella?

Per conversare

1. Adriana è soddisfatta del suo aspetto?

2. Che Adriana assomigli a una madonna è un paragone appropriato?

3. La ragazza si accorge di essere trattata come un oggetto?

4. È irritata da questa situazione?

5. Come si spiega l'atteggiamento della madre?

Per capire la lingua

1. **Trasformate le frasi seguenti secondo il modello:**
   Prevedo che la mamma *dirà* molte cose / *Prevedevo* che la mamma *avrebbe detto* molte cose.

1. **Penso** che Adriana **poserà** per il pittore.
2. **Immagino** che la madre **sarà** fiera della figlia.
3. **Suppongo** che la ragazza **sposerà** un uomo ricco.
4. **Credo** che Adriana **avrà** molte avventure.
5. **Penso** che il romanzo **finirà** bene.

2. **Mettete l'articolo (partitivo) dove è possibile.**

1. In tutta Roma non si trovano corpi come il mio.
2. Se ridevo, mostravo denti molto regolari.
3. Avevo gambe forti, fianchi tondi, ventre forte.
4. Prima di sposarsi faceva camicie.
5. Guardi che fianchi, che gambe... dove li trova fianchi
   e gambe come questi?

3. **Completate le frasi seguenti secondo il modello:**
   Ho creduto che Adriana .... un po' stupida / Ho creduto che Adriana *fosse* un po' stupida.

1. Mi sembrò che la madre .... torto.

2. Speravo che Adriana .... capito tutto.

3. Credevo che Adriana .... felice.

Amore che vieni amore che vai

Quei giorni perduti a rincorrere il vento
a chiederci un bacio e volerne altri cento,
un giorno qualunque li ricorderai
amore che fuggi da me tornerai.
Un giorno qualunque li ricorderai
amore che fuggi da me tornerai.

E tu che con gli occhi di un altro colore
mi dici le stesse parole d'amore,
fra un mese, fra un anno scordate[1] le avrai
amore che vieni da me fuggirai.
Fra un mese, fra un anno scordate le avrai
amore che vieni da me fuggirai.

Venuto dal sole o da spiagge gelate,
perduto in novembre o col vento d'estate
io t'ho amato sempre, non t'ho amato mai;
amore che vieni, amore che vai.
Io t'ho amato sempre, non t'ho amato mai;
amore che vieni, amore che vai.

Fabrizio De Andrè, *Le canzoni di Fabrizio De Andrè*, Lato Side.

1. **scordate**: dimenticate (scordare è il contrario di ricordare).

Per conversare

1. Ricordare / scordare; tornare / fuggire; sempre / mai... Come potete spiegare questa serie di parole contrastanti?

2. Questa canzone esprime la perennità o la precarietà dell'amore?

3. L'una e l'altra cosa nello stesso tempo?

4. Giustificate la vostra risposta dopo aver ascoltato — se possibile — il disco o la cassetta (*Dischi Ricordi, SHRL 6237*).

Nini e Cecilia

**La scena si svolge in campagna, nel Friuli,
agli inizi degli anni cinquanta.**

Cecilia se ne stava accucciata[1] in un angolo, sulla pietra del focolare. E guardava, guardava, con quei suoi grossi occhi di pecorella, come cercando di farsi piccola, di scomparire.

Il Nini ballava un po' con tutte, anche con le vecchie, che si schermivano[2] scoppiando dal ridere, e tappandosi[3] la bocca con la mano. Ma Cecilia non andava a prenderla, come se non la vedesse. Aveva indossato i calzoni della festa, quelli grigi, tutti ben stirati, e, mentre ballava, pareva ancora più forte e più elegante. Cecilia, del resto, contava così poco su se stessa, che non ne era neanche delusa, perché, per esserlo, avrebbe dovuto sperare che il Nini la invitasse: e invece non si azzardava[4] nemmeno a pensarci. Si divertiva lo stesso, così: a vedere il Nini che ballava con sua zia Anuta, sdentata[5] e un po' ubriaca;[6] oppure con Ilde, che gli arrivava sotto la cintura dei calzoni. Finalmente, il Nini si decise, un po' incerto, forse scoraggiato dal ricordo di quella sera che[7] aveva tentato di parlare con lei. Rossa come il fuoco, ridendo solo perché ridevano le altre, ma di un riso che era quasi un pianto, Cecilia accettò. Sapeva poco ballare: aveva ballato finora solo con le sorelle e le cugine, e stava tutta attenta a non sbagliare.

Stava stretta a lui, sentiva il suo petto, i suoi fianchi come se non fossero reali, e il loro peso, la loro forza fossero lì per caso e appartenessero talmente a lui

---

1. **accucciata**: ripiegata su se stessa, come un cane nella cuccia.
2. **si schermivano**: si ritraevano, rifiutavano l'invito.
3. **tappandosi**: coprendosi.
4. **si azzardava**: osava.
5. **sdentata**: senza denti.
6. **ubriaca**: per aver bevuto troppo vino.
7. **che**: in cui.

Gino Covili, La festa contadina, *1979-80.*

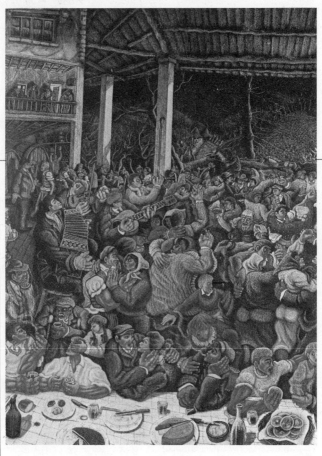

che la loro presenza era come miracolosa, più che soggezione[8] metteva paura.

Ballarono fino a tardi: i giovanotti se ne andarono che,[9] sulla campagna quasi azzurra, la luna era già alta, mezzi ubriachi, cantando.

Pier Paolo Pasolini, *Il sogno di una cosa* (1962), Garzanti, 1982.

8. **soggezione**: imbarazzo, timore.
9. **che**: quando.

24

Per comprendere il testo

1. Quali elementi mostrano che questo ballo campagnolo si svolge in una cucina?
2. Come si comporta Cecilia?
3. Com'è vestito Nini?
4. Come si spiega il suo atteggiamento spavaldo nella prima parte del testo?
5. Con chi balla?
6. Sceglie soltanto belle donne?
7. E Cecilia, cosa fa nel frattempo?
8. Al momento dell'invito, come reagisce la ragazza?
9. Sa ballar bene?
10. È emozionata?
11. Per quali motivi?

Per conversare

1. Perché Nini aspetta tanto prima di invitare Cecilia?
2. È corretto il suo comportamento?
3. Conoscete qualche vecchia danza?
4. Dove si balla da voi?
5. Si balla molto?

Per capire la lingua

1. **Cambiando solo le iniziali e tenendo conto delle definizioni, formate sette parole differenti.**

1. donne piccole come Ilde ....
2. gracidano nello stagno ....
3. si mangia ogni giorno ....
4. il più fedele amico dell'uomo ....
5. ragazze in buona salute ....
6. ragazze frivole e leggere ....
7. le case degli animali selvatici ....

2. **Componete delle frasi contenenti le seguenti parole:** invece - oppure - del resto - forse - come - quasi - talmente.

3. **Nel brano vi sono nove** che **congiunzioni e relativi. Dite quali sono i** che **congiunzione e sostituite, se possibile, le congiunzioni e i relativi con altri pronomi e congiunzioni.**

L'addio

Senz'addii m'hai lasciato e senza pianti;
devo di ciò accorarmi?[1]
Tu non piangevi perché avevi tanti
    tanti baci da darmi.

Durano sì certe amorose intese
    quanto una vita e più.
Io so un amore che ha durato un mese,
    e vero amore fu.

Umberto Saba, *Canzoniere* (1921), Einaudi, 1980.

1. **accorarmi**: rattristarmi.

Ti eri innamorato...

**L'autore si rivolge al fratello Ferruccio,
prematuramente scomparso. Nel testo viene
evocato un momento felice della vita di Ferruccio.**

Ti eri innamorato. Lei era una fanciulla di sedici anni, piccola e grassottella, loquace,[1] coi riccioli neri e gli occhi sorprendentemente furbi[2] e ridenti. Di genitori siciliani, ma nata a Firenze, parlava il nostro vernacolo[3] con una voce così candida e fresca che destava un'immediata simpatia. Ella era, come te, una creatura scoperta e semplice, ma tuttavia animata da una volontà che non si immiseriva[4] davanti agli ostacoli. Trascorresti, vicino a lei, i tuoi giorni più lieti. Eravate due adolescenze appena sbocciate[5] e per le quali il peccato non esisteva ancora, ma soltanto esisteva una comunione spirituale, simile alla primavera sui prati, quando il vento carezza l'erba e v'è odore e sapore d'aria e di luce. Si chiamava Enzina e sarebbe stata la tua compagna.

Un giorno, io ero sui colli, nella casa di un amico, mi affacciai alla finestra e vidi che passavate sul viale. La tenevi a braccetto, era come una bambina che tu cercassi di cullare: ti arrivava appena, coi suoi ricci scomposti,[6] all'altezza dell'omero.[7] Lei aveva in mano una ciocca[8] di lillà, e tu gliela volevi strappare. Lottavate, a braccia strette, innamorati. Lei si divincolò[9] e corse avanti; vi rincorreste attorno a un albero. Il viale era deserto e le vostre voci riempivano l'aria. Gridai dalla finestra: "E bravi!". Ti arrestasti come un cavallo

---

1. **loquace**: che parlava molto.
2. **furbi**: vivaci, maliziosi.
3. **vernacolo**: il dialetto fiorentino.
4. **non si immiseriva**: non perdeva vigore.
5. **sbocciate**: fiorite.
6. **scomposti**: in disordine.
7. **omero**: spalla.
8. **ciocca**: fiori attaccati allo stesso ramoscello.
9. **si divincolò**: si liberò.

ombroso,[10] avvampato dal rossore,[11] e dicesti: "Oh!"
quasi io fossi apparso sospeso nel vuoto. Enzina alzò
la sua faccia furba, disse: "Così fa chi può!".[12] "È mio
fratello" tu le dicesti. "Oddio!"[13] ella disse, e scappò,
inseguita dalle proprie risa. La raggiungesti. L'amico
che si era affacciato con me, vedendovi in lontananza
nuovamente vicini, disse divertito: "Sembrano Formicola e Perticone".[14] Di lontano mi salutavate con la
mano; lei agitava la fronda di lillà.

Vasco Pratolini, *Cronaca familiare* (1947), Mondadori, 1967.

10. **ombroso**: pauroso (di cavallo); diffidente, suscettibile
    (di persona).
11. **avvampato dal rossore**: diventato rosso.
12. **"Così fa chi può!"**: battuta impertinente che significa
    "non è dato a tutti fare quello che facciamo noi"; la
    ragazza non sa che sta parlando con il fratello del suo
    innamorato.
13. **Oddio!**: oh Dio, Dio mio!
14. **Formicola e Perticone**: (da "formica" e "pertica") pro-
    tagonisti di un popolare libro per ragazzi.

Per comprendere il testo

1. Come si chiama la ragazza del testo?
2. Quanti anni ha?
3. Come sono i suoi occhi e i suoi capelli?
4. È più alta o più bassa del suo innamorato?
5. È fiorentina come lui?
6. Cosa dice il narratore che assiste alla scena
   della "lotta"?
7. Come reagiscono Ferruccio ed Enzina?
8. Perché quest'ultima scappa ridendo?
9. A chi vengono paragonati i due adolescenti
   dall'amico del narratore?
10. Per quali motivi?

Per conversare

1. Quali lati del carattere dei due giovani sono messi in evidenza?

2. Raccontate l'episodio della "lotta".

3. Commentate la freschezza e la poesia del testo.

Per capire la lingua

1. **Trasformate le frasi seguenti secondo il modello:**
   Penso che Enzina *sarà* la tua compagna / *Pensavo* che Enzina *sarebbe stata*.

   1. Non **penso** che Ferruccio **si innamorerà** di lei.
   2. Non **penso** che i due giovani si **vorranno bene** a lungo.
   3. Non **penso** che Ferruccio si **sposerà**.
   4. **Penso** che Ferruccio **guarirà**.
   5. Non **credo** che Ferruccio **morirà**.

2. **Due definizioni per ogni numero.** Le parole di ogni riga, tutte di 7 lettere, sono incatenate fra loro per mezzo della lettera A che è la finale della prima parola e l'iniziale della seconda. A soluzione ultimata si leggerà nelle caselle a bordo ingrossato il titolo di un film di Ettore Scola.

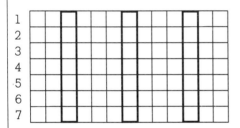

1. Tassa che s'impone. Imparato.
2. Scomparsa, sparita. Può essere "a muro" e contiene sempre vestiti e biancheria.
3. Morbida come pasta. Infondere il principio della vita.
4. Così è chiamata una noce che ha profumo di muschio. Tenera invocazione degli innamorati.
5. Molto fredda, insensibile. Così i toscani chiamano "Angelo".
6. Diritto reale costituito sopra i beni immobili d'un debitore per garanzia del creditore. Intorno, dattorno.
7. L'operaia che lavorava nelle risaie. Scomunica e maledizione.

Erano piccoli, gentili, ben proporzionati

Grandissima è la stupidità dei bambini, paragonabile solo a quella dei loro genitori. Erano piccoli, gentili, ben proporzionati. E già avevano concepito confusamente le speranze, possedevano cioè l'unica felicità della terra, dinanzi a sé, lontano, intravedevano città pazzesche[1] con cupole bianche e minareti,[2] duelli al chiaro di luna, moltitudini che portano in trionfo, galoppate ventre a terra nella pampa,[3] scoperte di antichi tesori, sposalizi nella reggia. Quante potentissime speranze in ciascuno. Era un immenso capitale intatto che comprendeva la felicità, la bellezza, la gloria.

Erano padroni del Globo. Tutti re, imperatori, campioni del mondo, eroi, grandi esploratori, capitribù, guerrieri celebri, principesse, capitani di mare, stregoni.[4] Possedevano regni, castelli, ferrovie, corazzate, velieri da diporto.[5] Comandavano interi eserciti con relativi mezzi corazzati e salmerie,[6] uccidevano elefanti e tigri. Avevano altissime cariche, sua maestà, sua eccellenza, signor generale, gran visir.[7] E adesso? Dinanzi al professore di matematica il glorioso ragià[8] pietosamente balbetta, la mano che regge lo scettro trema, tentando col gesso, sulla lavagna, l'equazione di secondo grado. E domani il sanguinario

1. **pazzesche**: incredibili, straordinarie, come solo i pazzi possono immaginarle.
2. **minareti**: torri che sorgono accanto alle moschee (templi religiosi) maomettane.
3. **pampa**: pianura argentina priva di vegetazione arborea.
4. **stregoni**: maghi.
5. **velieri da diporto**: navi a vela destinate al passatempo.
6. **salmerie**: muli e carri che trasportano bagagli e viveri per l'esercito.
7. **gran visir**: primo ministro di un sultano.
8. **ragià**: principe indiano.

capo pellerossa ansimerà[9] su per le scale dell'ufficio alle otto e 35 del mattino, per l'incubo[10] dell'orologio di controllo. E dietro lo sportello della succursale bancaria[11] scorgerete, curvo sui registri, con due spessi occhiali da miope, il Terrore del Mar dei Caraibi!

Dino Buzzati, *In quel preciso momento*, Mondadori, 1965.

9. **ansimerà**: respirerà affannosamente.
10. **incubo**: angoscia.
11. **succursale bancaria**: filiale, sezione staccata di una banca.

Per comprendere il testo

1. Qual è, per Buzzati, l'unica felicità della terra?
2. La possiedono i bambini?
3. In che misura?
4. Cosa vedono davanti a sé?
5. Come appare loro l'avvenire?
6. Che cosa essi diventeranno un giorno, nei loro sogni ad occhi aperti?
7. Che cariche avranno?
8. Quali straordinarie imprese compiranno?
9. Qual è invece la realtà che scoprono crescendo?
10. Con quali esempi si passa dall'ieri all'oggi e dall'oggi al domani?

Per conversare

1. La grande stupidità dei bambini potrebbe essere chiamata in un altro modo?

2. Perché questo testo è pieno di elementi esotici?

3. Pensate anche voi, come Dino Buzzati, che l'infanzia sia l'età delle grandi speranze?

Per capire la lingua

1. Ausiliare essere o avere? **Completate le frasi seguenti.**

1. Ogni bambino .... potuto credersi, per un momento, il re dell'Universo.
2. Non .... potuto venire da te perché ero ammalato.
3. Non .... voluto dirgli niente per non preoccuparlo.
4. Perché non .... voluto partire per l'Inghilterra?
5. Le domande erano difficili e non .... saputo rispondere.
6. Non .... saputo o non .... voluto?
7. Il bambino .... cresciuto e il sogno .... svanito.
8. Mi sembra che tuo padre .... ringiovanito.
9. Ieri .... piovuto tutto il giorno.

Quant'è bella giovinezza

**Questi versi sono tratti dal *Trionfo di Bacco
e Arianna*, canto "carnascialesco" (di carnevale).
Bacco, Arianna, Mida, Sileno sono maschere
mitologiche che percorrono cantando le vie della
Firenze rinascimentale. L'autore è Lorenzo
il Magnifico, uomo politico e poeta (1449-92).**

Quant'è bella giovinezza,
che si fugge tuttavia![1]
Chi vuol esser lieto, sia:
di doman non c'è certezza.

Quest'è Bacco e Arianna,[2]
belli, e l'un dell'altro ardenti:[3]
perché 'l tempo fugge e inganna,
sempre insieme stan contenti.
Queste ninfe ed altre genti
sono allegre tuttavia.
Chi vuol esser lieto, sia:
di doman non c'è certezza.

Questi lieti satiretti[4]
delle ninfe innamorati,
per caverne e per boschetti
han lor posto cento agguati;[5]
or da Bacco riscaldati,
ballon, salton[6] tuttavia.
Chi vuol esser lieto, sia:
di doman non c'è certezza.

1. **che si fugge tuttavia**: che purtroppo fugge sempre, di
   continuo.
2. **Bacco... Arianna**: Bacco è il dio della vite e del vino;
   Arianna, figlia di Minosse, re di Creta, è famosa per il filo
   che fornì a Teseo, permettendogli così di uscire dal labi-
   rinto. Innamorata di Teseo, fuggì con lui. Abbandonata
   nell'isola di Nasso, vi fu trovata da Dioniso (nome greco
   di Bacco), che la sposò.
3. **ardenti**: innamorati (ardono d'amore).
4. **satiretti**: insieme alle ninfe, fanno parte del corteo di
   Bacco e Arianna. I satiri erano divinità minori dei boschi; le ninfe popolavano e proteggevano monti, foreste,
   acque.
5. **agguati**: insidie.
6. **ballon, salton**: ballano, saltano.

Trionfo di Bacco e Arianna, *stampa fiorentina del secolo XV.*

Queste ninfe anche[7] hanno caro
da lor esser ingannate:
non può fare a Amor riparo,
se non gente rozze e ingrate:[8]
ora insieme mescolate
suonon, canton tuttavia.
Chi vuol esser lieto, sia:
di doman non c'è certezza.

Questa soma,[9] che vien drieto[10]
sopra l'asino, è Sileno:[11]
così[12] vecchio è ebbro e lieto,
già di carne e d'anni pieno;
se non può star ritto, almeno
ride e gode tuttavia.
Chi vuol esser lieto, sia:
di doman non c'è certezza.

Mida[13] vien drieto a costoro:
ciò che tocca, oro diventa.
E che giova aver tesoro,
s'altri poi non si contenta?[14]

7. **anche**: anche loro (le ninfe sono contente di essere insidiate dai satiri).
8. **Non può... ingrate**: solo le persone grossolane e senza grazia possono opporsi ad Amore.
9. **soma**: carico.
10. **drieto**: dietro.
11. **Sileno**: grasso precettore di Bacco.
12. **così**: sebbene.
13. **Mida**: mitico re di Frigia (VII sec. a.C.). Per aver offerto ospitalità a Sileno, ebbe da Bacco il dono di trasformare in oro tutto ciò che toccava.
14. **E che giova... contenta?**: che vale possedere un tesoro se poi la gente che lo possiede non è contenta e chiede sempre altre cose?

Che dolcezza vuoi che senta
chi ha sete tuttavia?
Chi vuol esser lieto, sia:
di doman non c'è certezza.

Ciascun apra ben gli orecchi
di doman nessun si paschi;[15]
oggi siàn, giovani e vecchi,
lieti ognun, femmine e maschi;
ogni tristo pensier caschi:[16]
facciam festa tuttavia.
Chi vuol esser lieto, sia:
di doman non c'è certezza.

Donne e giovinetti amanti,
viva Bacco e viva Amore!

Ciascun suoni, balli e canti!
Arda di dolcezza il core!
Non fatica, non dolore!
Ciò c'ha a esser, convien sia.[17]
Chi vuol esser lieto, sia:
di doman non c'è certezza.

15. **si paschi**: si cibi, si nutra (da pascere). Nessuno deve
    pensare ai giorni che verranno. Bisogna godere uni-
    camente il presente.
16. **caschi**: cada, svanisca.
17. **Ciò c'ha a esser, convien sia**: quello che deve succe-
    dere, succederà (è inutile opporsi al destino).

Per conversare

1. Chi è l'autore di queste strofe?

2. A quale secolo appartiene?

3. Di quale festa si parla nella poesia (ballata)?

4. Come sono presentati, rispettivamente, Bacco e Arianna, i satiri e le ninfe, Sileno e Mida?

5. Sembrano felici?

6. Le parole del ritornello, cosa sottolineano?

7. Mostrate come tutta la ballata sia un misto, perfettamente fuso, di festosità e di malinconia struggente.

2

I colori dei mestieri

Io so i colori dei mestieri:
sono bianchi i panettieri,
s'alzan prima degli uccelli
e han farina nei capelli;
sono neri gli spazzacamini,
di sette colori son gli imbianchini,
gli operai dell'officina
hanno una bella tuta azzurrina,
hanno le mani sporche di grasso:
i fannulloni vanno a spasso,
non si sporcano nemmeno un dito,
ma il loro mestiere non è pulito.

Gianni Rodari,
Filastrocche in cielo e in terra

Francesco Del Cossa,
La potatura, 1470

Il mio lavoro
è la scuola

[handwritten margin notes: "Efficienza / efficiente / Due", "10/13", "sentire la mancanza di — feel the absence of — finire sotto — andare sotto l'au e avere una multa prudente / mi manca / mancano", "Bus (giaie) (rosses) (on yellow)"]

So che dobbiamo tutti lavorare e che il mio lavoro è la scuola. È noioso ma non come la catena.[1] Sono bravo a scuola, sono velocissimo (tal quale Mask[2] che però ha sempre degli esami a settembre[3]); faccio un tema[4] in tre quarti d'ora, un problema in venti minuti, se ci sono due divisioni con i decimali in venticinque minuti. Sono efficiente (bisogna essere vigilanti ed efficienti e possibilmente in buona salute per darsela a gambe in fretta): mi lavo in tre minuti, ce ne metto sei con la doccia, da qui a scuola arrivo in otto minuti e mezzo e qualche volta batto in velocità il tram n. 19 se il semaforo dell'incrocio è rosso. L'autobus 58 non riesco a batterlo. Inoltre svolta molto rapidamente con il giallo e si rischia di finirci sotto.

Faccio quel che posso; tutti facciamo quel che possiamo ma non tutti ne parliamo sempre come Emilio. Tutti a casa lavoriamo: mamma alla Facis[5] alle vendite, Emilio in una scuola serale dove insegna fisica (di giorno studia al Politecnico[6] quando non fa il cristiano) e Mask in ben tre posti diversi. Il sabato pomeriggio vende libri, prima di Natale prepara confezioni natalizie di oggetti regalo, e qualche volta la sera fa il baby-sitter se lo chiamano in una famiglia con bam-

1. **la catena**: il lavoro alla catena di montaggio.
2. Mask (Massimo) ed Emilio sono i fratelli maggiori di Paolino, il protagonista. I genitori vivono separati.
3. **esami a settembre**: in Italia, uno studente di liceo con profitto negativo in alcune materie, a fine anno scolastico (giugno), può "riparare" quelle materie a settembre. A giudizio del consiglio di classe può anche essere "respinto" e quindi deve "ripetere" la classe.
4. **tema**: composizione in italiano su argomento ("tema") proposto.
5. **Facis**: una delle tante industrie italiane dell'abbigliamento.
6. **Politecnico**: istituto universitario di scienze applicate (ingegneria, architettura ecc.).

bini simpatici. Se i bambini sono antipatici gli viene la
febbre da fieno.[7]
Visto che lavoriamo tutti, ce la caviamo bene:[8] viviamo in una casa vecchia che hanno costruito molti
anni fa, ma le nostre stanze sono grandi. Abbiamo
quattro camere e la cucina; abbiamo anche una cantina dove mettiamo le patate e il vino che ci manda lo
zio Cichin e dove teniamo il letto matrimoniale di
mamma e babbo.[9] Mask oltre al motorino (un po'
scasso[10]) ha una macchina per scrivere, gliel'abbiamo
regalata tutti insieme per il suo compleanno. Emilio
ha la chitarra; quella, però, gliel'ha regalata babbo.
Abbiamo la lavatrice e il frigorifero. Penso che si possa dire che abbiamo anche l'aspirapolvere e la lucidatrice. L'aspirapolvere, però, è molto vecchio e Mask
dice che sembra la corazzata Potemkin.[11] Si dice Pa-
tiomkin e non so che cos'è. La corazzata Potemkin
l'adoperiamo a turno due volte alla settimana fra le
sei e le sette di sera. Al momento la lucidatrice non la
possiamo adoperare perché si è rotta ed Emilio non
ha ancora trovato il tempo per aggiustarla. Se non la
aggiusta presto, dovremo lucidare il pavimento con il
sedere, così ha detto mamma.

7. **febbre da fieno**: allergia procurata dal polline di alcune piante, qui detto ironicamente.
8. **ce la caviamo bene**: riusciamo a vivere bene.
9. **babbo**: forma familiare di "padre" usata nell'Italia centrale (nel resto dell'Italia: papà).
10. **scasso**: in cattivo stato, scassato. Qui significa che il
motore funziona male.
11. Mask ha visto la corazzata nel famoso film di S.M.
Eisenstein in cui si rievoca l'ammutinamento avvenuto
il 28 giugno 1905 sulla corazzata della flotta imperiale
russa.

39

Abbiamo una vecchia televisione. La guardiamo poco perché è pallida e costa caro aggiustarla. E poi, il teleballe[12] non fa digerire mamma.

Stiamo bene e riusciamo a cavarcela fino alla fine del mese anche quando babbo dimentica di mandarci i soldi; anzi questo — purché non capiti troppo spesso — è persino[13] meglio perché il mese dopo invece di centottantamila lire ne arrivano trecentosessantamila. Allora facciamo generalmente festa.

Marina Jarre, *La principessa della luna vecchia*, Einaudi, 1977.

12. **teleballe**: le "balle" (notizie false, menzogne, frottole) che, secondo il narratore, vengono dette alla televisione italiana durante il telegiornale.
13. **persino (perfino)**: qui ha il valore di "quasi".

slang balle : «non raccontarmi balle
bugie
sing   pl.
mille → milla
mille → due milla

Per comprendere il testo

1. Da cosa si capisce che il narratore è un bambino?
2. Qual è il suo lavoro?
3. Quali sono le qualità che si riconosce?
4. In quanto tempo fa un tema e un problema?
5. Come dimostra efficienza?
6. Che lavoro fanno gli altri membri della famiglia?
7. Com'è la casa in cui abita tutta la famiglia?
8. Che c'è in cantina?
9. Mask ed Emilio hanno oggetti particolari?
10. Che ne è dell'aspirapolvere e della lucidatrice?
11. E la televisione?
12. Ce la fanno a "tirar avanti"?

Per conversare

1. Quanti anni può avere il narratore? (Per saperlo, risolvete l'esercizio n. 3.)

2. Come si spiega la sua mania di velocità?

3. Può essere legata alla vita frenetica della grande città moderna (siamo a Torino)?

4. Che significato date alla frase: "bisogna essere vigilanti ed efficienti e possibilmente in buona salute per darsela a gambe in fretta"?

5. A chi vanno le preferenze di Paolino, a Emilio o a Mask?

6. Da cosa si capisce che il babbo e la mamma dei tre ragazzi non vivono più insieme?

7. Paolino sembra traumatizzato dalla sua situazione familiare?

8. Vi piace il carattere di questo ragazzino?

9. Come potreste definirlo?

Per capire la lingua

1. **Fate l'elenco di tutti gli elettrodomestici che conoscete e dite a cosa servono con una frase.**
   (Es.: il frigorifero serve per conservare al fresco le cose da mangiare e da bere.)

2. **Allenatevi a coniugare le espressioni** darsela a gambe **e** cavarsela.
   (Es.:
   me la do a gambe me la cavo
   te la dai a gambe te la cavi
   se la dà a gambe se la cava.)

3. **Scrivete a fianco di ciascun termine elencato una parola di significato opposto.** Le iniziali delle parole trovate daranno l'età di Paolino.

   superbo ...Umile...
   giorno ...Notte...
   storto ...diritto...
   superiore ...inferiore...
   freddo ...caldo...
   cauto ...incauto...

4. **Completate le frasi seguenti.**

1. Se la lavarice è rotta bisogna... (far riparare).
   Se la lavatrice è rotta, bisogna farla riparare.

2. Se Mask non ha la macchina per scrivere, si deve .... (comperare).

3. Se Emilio non ha la chitarra, occorre .... (regalare).

4. Se la lucidatrice funziona, è bene .... (adoperare).

5. Se babbo dimentica i soldi, è necessario .... (telefonare).

Quanto zucchero?

Centro di Napoli: riunione nello studio di un noto professionista.[1] "Prima di cominciare, prendereste 'na tazzulella 'e cafè?"[2]

Non passano cinque minuti, t'arriva un ragazzino non più alto di un metro e quaranta; ha una "guantiera"[3] stracarica di tazzine; mi colpisce la sua straordinaria abilità, prontezza di riflessi: "Quanto zucchero?"; un po' meno, un po' più. Non ne sbaglia una.

Dopo tre ore, la scena si ripete. Alle sei del pomeriggio torna il ragazzino e chiede se abbiamo bisogno di lui. Ma... quanti anni avrà? Possibile che lavori? e la scuola? e l'obbligo?

"Quanti anni hai?" gli chiedo. "Nove" mi risponde secco. "Ma, a scuola non ci vai?". Solleva la testa continuando le distribuzioni ed emette uno strano suono a labbra semichiuse: è il suo linguaggio per dire no. Chi sa se otterrò di più.

Insisto: "Ma ci sei mai andato a scuola?". "Sì, ho fatto la seconda." Bah, poverino, saranno i soliti motivi: la famiglia numerosa, bisogno di portare a casa qualche lira; o incoscienza, sottosviluppo, sfruttamento[4] eccetera, eccetera? Macché, niente di tutto questo. "Non mi piace!" mi ha risposto convinto. Mi interessa troppo: gli chiedo se mi concederà di fare quattro chiacchiere con lui. Stasera dopo le 8.

Gli mostro un quotidiano che ho a portata di mano: legge discretamente e... sa anche scrivere correttamente, mi confida con fare trionfante; sa far di conto e

1. **professionista**: che esercita una professione in proprio (avvocato, medico ecc.).
2. **'na tazzulella 'e cafè**: una tazzina di caffè (napoletano).
3. **guantiera**: vassoio.
4. **sfruttamento**: il fatto di approfittare di una persona bisognosa e senza difesa (come i bambini) facendola lavorare molto e pagandola poco.

Giovane garzone di bar a Napoli. Il lavoro minorile è ancora frequente nel Meridione d'Italia.

guadagna, con le mancette,[5] anche 500 lire al giorno; qualche volta "pure più". Tralascio di chiedergli[6] che ne fa, affari suoi, perderei... le confessioni. Perché non ti piace andare a scuola? Non riesce a darmi una spiegazione comprensibile: non mi piace, ribatte.[7] Quando sarà più grande, se non si... "sarà fatti tanti soldi per poter aprire un magazzino..." vedrà!

Un po' sconcertante, ammetto che ha una sua filosofia: mi sembra del tutto sprecata la solita predica,[8] è talmente convinto!

Ma, rifletto, perché la scuola non gli piace? alzarsi presto? ma no, va a lavorare; pure la domenica, spontaneamente. E già! quando esce da scuola, deve fare i compiti; magari non c'è il doposcuola; e quando gioca? quando è buio? Ma, se lavora tutto il giorno? Lavora, ma si muove, cammina, sale, scende, dà calci alla foglia secca o alla pallottola di carta; ora sta saltellando, un piede sull'orlo del marciapiede. Non gli piace di star fermo nel banco, non gli piace di imparare a scuola, non gli piace di studiare.

"Noi e la strada", rivista mensile di Educazione stradale.

5. **mancette**: diminutivo di mancia, denaro che si offre a chi presta un servizio.
6. **Tralascio di chiedergli**: non gli chiedo, volontariamente.
7. **ribatte**: risponde.
8. **predica**: discorso pieno di buon senso sul valore della scuola, dello studio ecc.

Per comprendere il testo

1. In che città siamo?
2. Chi è la persona che parla?
3. Di chi parla?
4. Com'è presentato il ragazzino?
5. Che lavoro fa?
6. Quanti anni ha?
7. È molto discorsivo?
8. Cosa gli chiede il narratore?
9. Sa leggere e scrivere il bambino?
10. Ha idee precise sul suo avvenire?
11. Per il momento, quanto guadagna con le mance (siamo verso il 1970)?

12. Perché non vuole più andare a scuola?

problemi chi soleva (questions raised)

Per conversare

1. Quale importante problema affronta questo brano?

2. L'autore evoca alcune cause possibili del lavoro minorile: potreste citar-

le aggiungendone altre, eventualmente?

3. Esiste il lavoro minorile nel vostro paese?

assumere — hire
licenziare — fire

può essere assunto
can be hired.

Per capire la lingua

1. **Completate le frasi inserendo la preposizione appropriata (semplice o articolata).**

   1. Il bambino .... testo ha nove anni.

   2. Non è più alto .... un metro e quaranta.

   3. Fa il suo lavoro .... entusiasmo e competenza.

   4. Ogni mattina esce .... casa
      .... sette.

   5. Lavora .... nuovo .... pomeriggio.

   6. Non gli piace andare .... scuola.

   7. Gli mostro un quotidiano che ho ....
      portata .... mano.

   8. Quando esce .... scuola dovrebbe fare i compiti.

   9. Il bar si trovava proprio .... mezzo
      .... piazza.

   10. Ho chiesto .... ragazzino ....
       venire vicino .... me.

2. **Trasformate le interrogative dirette in indirette e viceversa.**

   1. Prendereste una tazzina di caffè? / Ditemi se prendereste una tazzina di caffè.
   2. Quanti anni avrà?
   3. Quanti anni hai?
   4. Ma ci sei mai andato a scuola?
   5. Perché non ti piace andare a scuola?
   6. Chiede se abbiamo bisogno di lui.
   7. Non so se otterrò di più.
   8. Gli chiedo se mi concederà di fare quattro chiacchiere con lui.
   9. Mi domando se gioca solo quando è buio.
   10. Vuol sapere se lavoro tutto il giorno.

3. **Mettete al passato la parte del brano che va da "Gli mostro..." a "confessioni".**

   "Gli ho mostrato..."

distribuire i giornali — distribute papers

Bella ciao*

Alla mattina, appena alzata,
o bella ciao, o bella ciao ciao ciao,
alla mattina, appena alzata,
laggiù in risaia debbo andar.

E tra gli insetti e le zanzare,
o bella ciao, o bella ciao ciao ciao,
e tra gli insetti e le zanzare,
un dur lavoro ci tocca far.

O mamma mia, oh che tormento,
o bella ciao ciao ciao, o bella ciao ciao ciao,
o mamma mia, oh che tormento,
è così ogni doman.

Il caposquadra, col suo bastone,
o bella ciao, o bella ciao ciao ciao,
il caposquadra, col suo bastone,
e noi curve a lavorar.

Ma verrà un giorno che assai provate,
o bella ciao, o bella ciao ciao ciao,
e verrà un giorno che assai provate,
la risaia rinneghiam.[1]

In *Canti del lavoro*, Edizione fuori commercio ad uso didattico.

* Canzone di protesta piemontese, di anonimo; esprime la
protesta delle mondine, le operaie delle risaie, per le
dure condizioni del loro lavoro, che consisteva nell'e-
stirpare le erbacce dalle piantagioni di riso e si compiva
fra giugno e luglio. Le donne dovevano restare curve
tutto il giorno con i piedi nell'acqua sotto lo sguardo e le
minacce dei sorveglianti.

1. **la risaia rinneghiam**: non andremo più a lavorare in
risaia.

Il mio mestiere

Il mio mestiere è quello di scrivere e io lo so bene e da molto tempo. Spero di non essere fraintesa:[1] sul valore di quel che posso scrivere non so nulla. So che scrivere è il mio mestiere. Quando mi metto a scrivere, mi sento straordinariamente a mio agio[2] e mi muovo in un elemento che mi par di conoscere straordinariamente bene: adopero degli strumenti che mi sono noti e familiari e li sento ben fermi nelle mie mani. Se faccio qualunque altra cosa, se studio una lingua straniera, se mi provo a imparare la storia o la geografia o la stenografia o se mi provo a parlare in pubblico o a lavorare a maglia o a viaggiare, soffro e mi chiedo di continuo come gli altri facciano queste stesse cose, mi pare sempre che ci debba essere un modo giusto di fare queste cose che è noto[3] agli altri e sconosciuto a me. E mi pare d'esser sorda e cieca e ho come una nausea in fondo a me. Quando scrivo invece non penso mai che c'è forse un modo più giusto di cui si servono gli altri scrittori. Non me ne importa niente di come fanno gli altri scrittori. Intendiamoci, io posso scrivere soltanto delle storie. Se mi provo a scrivere un saggio di critica o un articolo per un giornale a comando,[4] va abbastanza male. Quello che allora scrivo lo devo cercare faticosamente come fuori di me. Posso farlo un po' meglio che studiare una lingua

1. **fraintesa**: mal compresa.
2. **a mio agio**: bene.
3. **noto**: conosciuto.
4. **a comando**: su commissione, a richiesta.

straniera o parlare in pubblico, ma solo un po' meglio. E ho sempre l'impressione di truffare il prossimo con delle parole prese a prestito o rubacchiate[5] qua e là. E soffro e mi sento in esilio. Invece quando scrivo delle storie sono come uno che è in patria, sulle strade che conosce dall'infanzia e fra le mura e gli alberi che sono suoi. Il mio mestiere è scrivere delle storie, cose inventate o cose che ricordo della mia vita ma comunque[6] storie, cose dove non c'entra la cultura ma soltanto la memoria e la fantasia. Questo è il mio mestiere, e io lo farò fino alla morte. Sono molto contenta di questo mestiere e non lo cambierei per niente al mondo.

Natalia Ginzburg, *Le piccole virtù* (1962), Einaudi, 1984.

5. **rubacchiare**: rubare qua e là piccole cose, ma di continuo.
6. **comunque**: in ogni caso.

Per comprendere il testo

1. Qual è il mestiere di Natalia Ginzburg?
2. È sicura di scrivere cose valide?
3. Come si sente quando scrive?
4. Che cosa prova quando tenta di fare altre cose?
5. E se scrive un saggio di critica?
6. Che cosa ama scrivere soprattutto?

Per conversare

1. Quello dello scrittore, vi sembra essere un mestiere?
2. Perché Natalia Ginzburg lo definisce così?
3. Quali sono "gli strumenti" di questo suo mestiere?
4. Sono importanti, per lei, la memoria e la fantasia?
5. E la cultura?
6. Quali sono gli scrittori italiani contemporanei che conoscete?
7. Avete una preferenza per qualcuno? Parlatene.

Per capire la lingua

1. **Indicativo, congiuntivo o condizionale? Completate le frasi seguenti coniugando adeguatamente i verbi fra parentesi.** (Fate attenzione alla concordanza dei tempi.)

   1. Mi chiedo di continuo come gli altri (fare) queste stesse cose.
   2. Mi pare che ci (dovere) essere una soluzione possibile.
   3. Io so bene che scrivere (essere) il mio mestiere.
   4. Sono molto contenta del mio mestiere e non lo (cambiare) per niente al mondo.
   5. Se tu (venire) da me, ti farò leggere le commedie di Natalia Ginzburg.
   6. Natalia Ginzburg afferma che non le (piacere) il tempo in cui vive.
   7. Le sembra che l'epoca attuale (disprezzare) la poesia.
   8. Per Natalia Ginzburg fatica e solitudine (apparire) come i più terribili nemici del vivere.
   9. Da bambina, Natalia Ginzburg sperava sempre che un poeta famoso (fare) pubblicare le sue ingenue poesie.
   10. Se tu (venire) da me, ti mostrerei i nuovi libri che ho comprato a Milano.

2. **Rileggete il brano in terza persona:** "Il suo mestiere è quello di scrivere e lei lo sa bene...".

3. **Rileggete il brano in terza persona, ma con i verbi al passato:** "Il suo mestiere era quello di...".

Servizio sveglia

«**B**uongiorno ingegnè.[1] Bella giornata oggi, non è vero?» mi dice Salvatore mentre sto per uscire dal portone. «Non sembra proprio che stiamo a[2] dicembre.»

«Veramente bella, Salvatò,[3] quasi quasi mi levo pure il cappotto.»

«E quello il Signore,[4] come si dice, dove vede la neve, ovverossia[5] il bisogno, spande il sole.»

«Be', perlomeno quello.»

«A proposito di bisogno ingegnè, adesso parlando parlando mi distraevo. Sapete che ora è?»

«Sono le nove e cinque.»

«E allora devo andare a svegliare il baroncino De Filippis. Perché non mi accompagnate un momento pure voi?»

«A svegliare il baroncino De Filippis?»

«Sì, ma no[6] a casa sua. Andiamo dietro al palazzo e lo chiamiamo da sotto alla finestra, quello abita al primo piano. Voi dovete sapere che io ricevo dal baroncino De Filippis tremila lire al mese per svegliarlo tutte le mattine alle nove precise ad eccezione della domenica.»

«Ma non capisco, non sarebbe più semplice per lui usare una sveglia?»

«E no, ingegnere! La sveglia non sarebbe assolutamente adatta allo scopo.»

«E perché?»

---

1. **ingegnè**: ingegnere (napoletano).
2. **stiamo a**: siamo in; nel sud dell'Italia si usa spesso "stare" al posto di "essere".
3. **Salvatò**: Salvatore.
4. **E quello il Signore**: così è il Signore.
5. **ovverossia**: (anche "ovverosia") cioè.
6. **no**: non.

«E perché adesso ve lo spiego» risponde Salvatore avviandosi verso il cortile del palazzo. «Voi dovete sapere che˜ il baroncino studia all'Università. Sissignore fa Legge[7] e vuole che qualcuno lo chiami ogni mattina alle nove perché lui si deve mettere a studiare se no non si laurea.»[8]

«Ma io penso che uno alle nove potrebbe pure svegliarsi naturalmente da solo. Avesse detto le sei lo avrei potuto pure capire.»

«Sì, avete ragione, però il baroncino è purtroppo, come dire, un poco scafatiello,[9] non so se avete capito: gli piacciono le donne» dice sorridendo con malizia Salvatore. «E così va a finire che la notte si ritira alle due e qualche volta pure alle tre.»

Parlando parlando siamo intanto giunti sotto la finestra dove evidentemente dorme il nostro viveur.[10] A questo punto Salvatore, con voce bassissima, quasi un sussurro, finge di gridare:

«Baroncino... Baroncino De Filippis... sono le nove... Avvocato... svegliatevi... Sono le nove.»

«Ma Salvatò, se non gridate un poco più forte quello non vi può sentire!»

«È logico ingegnè che non mi può sentire. Ma se io grido, il baroncino si sveglia veramente e poi se la prende con me.»[11]

«Ma allora che siete venuto a fare sotto la finestra?»

«Ingegnè, voi non avete capito proprio niente!» spiega pazientemente Salvatore. «Io, come vi ho detto prima, ricevo tremila lire al mese per venire tutte le mattine alle nove precise sotto alla finestra del baroncino e per fare un tentativo di sveglia, faccio il mio dovere e me ne vado. Il baroncino da parte sua, dando l'ordine di venirlo a svegliare ogni mattina alle nove, ha pure lui dimostrato, come dire, una certa buona volontà e si è messo a posto[12] con la coscienza. Voi avete fatto da testimone. Insomma diciamo così che stiamo tutti a posto.»[13]

Luciano De Crescenzo, *Così parlò Bellavista*, Mondadori, 1977.

7. **fa Legge**: studia legge (per diventare avvocato).
8. **si laurea**: consegue un diploma universitario.
9. **scafatiello**: intraprendente (napoletano).
10. **viveur**: termine francese per indicare qualcuno cui piace la vita mondana.
11. **se la prende con me**: si arrabbia contro di me.
12. **a posto** (sottinteso: con la coscienza): in pace.
13. **stiamo... posto**: siamo tutti tranquilli e soddisfatti.

Per comprendere il testo

1. In quale città si svolge il dialogo?
2. Da cosa si capisce?
3. In che stagione siamo?
4. Che tempo fa?
5. Che ore sono?
6. È in ritardo Salvatore per svegliare il baroncino?
7. Viene pagato per questo lavoro?
8. Quanto?
9. Cosa studia il baroncino?
10. Perché va a letto tardi?
11. Vi sembra che Salvatore sia più efficace di una sveglia?

Per conversare

1. In cosa consiste l'umorismo del testo?

2. Raccontate il fatto in forma indiretta.

Per capire la lingua

1. Trasformate le seguenti espressioni passando dal voi (forma usata soprattutto nel Sud d'Italia) al lei.

1. Sapete che ora è? / Sa che ora è?
2. Perché non mi accompagnate un momento pure voi?
3. Ora ve lo spiego.
4. Non so se avete capito.
5. Come vi ho detto prima.
6. Voi avete fatto da testimone.

2. Mettete "essere" al posto di "stare" là dove è possibile.

1. Sto per uscire dal portone.
2. Non sembra proprio che stiamo a dicembre.
3. Stiamo tutti a posto.
4. Dove sta il baroncino? Sta dietro il palazzo al primo piano.
5. Sto con la coscienza a posto.
6. Come state? Bene, e voi?
7. Lasciatelo stare, non vedete che sta dormendo!
8. Non state a gridare, altrimenti il baroncino si sveglia veramente.

3. Sottolineate con una riga il verbo levare (levarsi) **quando ha il senso di** togliere (togliersi) **e con due righe quando ha il senso di** alzare (alzarsi).

1. Quasi quasi mi levo pure il cappotto.
2. L'ingegnere leva gli occhi verso la finestra.
3. Il baroncino non vuol levarsi dal letto.
4. Va a ballare per levarsi la voglia di divertirsi.
5. Levatevi dalla testa che io possa gridare per svegliarlo.
6. Non c'è stato verso di levargli un grido di bocca.

Maestro elementare

Insegno in una quarta elementare,[1] e fra i miei scolari ho mio figlio. I maestri di Vigevano[2] hanno come regola di fare saltare qualche classe ai figli. O li mandano a scuola a cinque anni, oppure li fanno cominciare dalla seconda, oppure saltare la quinta. Io mi sono adeguato. Siccome il maestro di mio figlio non era del parere, gliel'ho tolto e me lo sono fatto assegnare.

Avere il proprio figlio a scuola è tormentoso. Per quanto cerchi di essere obiettivo e dargli i voti che si merita, e pretendere da lui il rispettoso lei e la rispettosa distanza come dagli altri, ho la viva impressione che scolari e famiglie pensino che stiamo recitando. Non è che ami molto il mio lavoro, però ci tengo, e tanto, alla stima. Voglio essere stimato sia dai superiori che dalle famiglie. Ho visto che tutti quelli che campano su[3] di un magro stipendio, hanno l'ossessione della stima. I maestri, della stima, ne fanno un culto.

Avere la stima dalle famiglie non è difficile: basta dargli la media alta di voti sulla pagella.[4] La stima è in proporzione ai voti che si danno. E avere la forza di ascoltare i genitori che raccontano i misfatti e le prodezze dei loro bambini, senza sbadigliargli davanti. Io sono stimatissimo.

Più difficile è ottenere la stima dai superiori. La mia direttrice in quanto a stima è avara. Io faccio del mio meglio per conquistarmela. Arrivo a scuola in antici-

---

1. La scuola elementare in Italia comprende cinque classi. Gli allievi iniziano la prima classe all'età di sei anni.
2. **Vigevano**: città a pochi chilometri da Milano, famosa per i suoi calzaturifici.
3. **campano su**: vivono di.
4. **pagella**: documento che l'alunno riceve dalla scuola e che porta il risultato degli studi fatti, espresso in voti o in giudizio.

po. Scatto sull'attenti quando la incontro. Partecipo ai cenacoli[5] pedagogici. Se da Roma arriva qualche direttore centrale a tenere conferenze, io non solo ascolto quella che tiene a Vigevano, ma anche quelle che tiene nei paesi vicini, e l'ascolto con attenzione, anche se è la decima volta che sento ripetere le stesse cose, e infine gli batto calorosamente le mani. Se dice qualche spiritosaggine, rido di gusto, anche se è la decima volta che la sento ripetere. Non partecipo a nessuno sciopero; so che lo sciopero dispiace ai superiori. Quando viene il prete a fare la lezioncina di religione, non vado nel corridoio, sto in classe, anche se la mia presenza impaccia il prete e la sua lezione. E il registro lo scrivo addirittura in cancelleresco.[6]

Lucio Mastronardi, *L'assicuratore*, Rizzoli, 1975.

5. **cenacoli**: riunioni di studiosi e intellettuali per discutere su un argomento comune (in questo caso di pedagogia).
6. **in cancelleresco**: scrittura in corsivo usata negli atti pubblici medievali.

Per comprendere il testo

1. Che classe frequenta il figlio del maestro?
2. Chi è il suo maestro?
3. In che consiste "la regola" dei maestri di Vigevano?
4. Qual è il loro scopo?
5. Il protagonista è contento di avere il proprio figlio in classe?
6. Come si comporta con il figlio?
7. In che modo agisce il maestro-narratore per meritarsi la "stima" delle famiglie?
8. Ottiene buoni risultati?
9. Se da Roma arriva qualche direttore centrale, che fa il maestro?

Per conversare

1. Che ne pensate di un maestro che si fa "assegnare" il figlio nella propria classe?

2. È vero, secondo voi, che l'ossessione della stima è tipica di chi guadagna poco?

3. Si può dire che questo maestro ami il proprio mestiere e che desideri veramente essere stimato?

4. Come dovrebbe agire per esserlo veramente?

Per capire la lingua

1. Spiegate le seguenti espressioni e costruite con ciascuna una frase.

— Arrivare in anticipo, in orario, in ritardo.
— Scattare sull'attenti, in piedi.
— Ridere di gusto, a crepapelle, sotto i baffi.

2. Collegate le parole a due a due secondo il senso.

1. stima	A. vivere
2. campare	B. scelleratezza
3. stipendio	C. paga
4. misfatto	D. arguzia
5. spiritosaggine	E. corsivo
6. impacciare	F. bravata
7. cancelleresco	G. considerazione
8. prodezza	H. imbarazzare

1	G
2	
3	
4	
5	
6	
7	
8	

3. Trasformate secondo gli esempi:
Gli ho tolto mio figlio / *Gliel'*ho tolto
Le do i voti che si merita / *Glie*li do.

1. Le porgo la pagella.

2. Gli do una matita colorata.

3. Gli mostro il libro di Mastronardi.

4. Le mostro i libri di Mastronardi.

5. Gli racconto una spiritosaggine.

6. Le racconto le ultime novità.

7. Gli regalo un lapis.

8. Gli regalo due lapis.

9. Gli parlo della scuola.

10. Le parlo di Vigevano.

11. Le offro una sigaretta.

12. Gli metto uno zero.

Il falegname

Il falegname dice:
"Io lavoro felice
il pioppo e la betulla:[1]
fo la madia[2] agli sposi,
al bambino la culla
perché sogni e riposi".

Renzo Pezzani, *Il fuoco dei poveri*, La Scuola.

1. **pioppo... betulla**: alberi che danno un legno bianco e leggero.
2. **madia**: mobile da cucina in cui si conserva il pane.

Catena-Sud

La fabbrica dove lavoro è a 6 chilometri da Bari. Si tratta di una fabbrica sorta 15 anni fa in una delle migliori zone della campagna modugnese,[1] contrada[2] Paradiso. In linea d'aria il mare è vicinissimo, lo puoi vedere se sali sul tetto di ferro del capannone. È un mare blu, robusto, possente. Quando è agitato si possono vedere anche le onde spumose, è un mare che mette allegria, ma se ti avvicini, subito ti accorgi che è un mare morto; catrame e immondizie e nafta lo uccidono giorno per giorno, non ci sono più pesci, né ci sono i gamberi e le vavose[3] che pescavamo quando era pulito. Coi miei coetanei ci andavamo in bicicletta, spesse volte a piedi, e ricordo che qualcuno si portava appresso anche la capretta che avrebbe dovuto portare a pascolare.

Sono ormai quasi 14 anni che lavoro qui col timbro[4] Catena-Sud sui pantaloni della tuta, sulla blusa, sulla giacca, dappertutto Catena-Sud. Meglio mio nonno contadino con le pezze in culo, tutti stracci rattoppati[5] ma senza scritte. Tutto era rattoppato dai nonni: gli abiti, le lenzuola, la imbottita,[6] le tende, il telone delle ulive, i sacchi, tutto rattoppato. La domenica mio nonno andava a messa con l'abito buono, era un abito nero che gli ballava sulle quattro ossa, una camicia bianca consumata al collo e una cravatta che tutto

1. **modugnese**: da Modugno, comune in provincia di Bari.
2. **contrada**: rione, quartiere in cui è divisa la cittadina di Modugno.
3. **vavose**: sta per "bavose", pesci molto comuni, con la pelle viscida.
4. **timbro**: marchio, contrassegno.
5. **stracci rattoppati**: abiti molto usati, in pessime condizioni, con pezze di stoffa ricucite nei punti più logori.
6. **imbottita**: coperta pesante da letto, riempita di lana o di piume (anche coltrone o trapunta).

*Industrializzazione nel Mezzogiorno:
lo stabilimento petrolchimico di Gela in Sicilia.*

sembrava fuorché una cravatta. I pizzi[7] del colletto erano sempre rivolti in su, come antenne.

Ho indossato per la prima volta la giacca della tuta. Ormai è ottobre e fa freddo. Ieri sera la pioggia cadeva fitta e furiosa. I contadini nella luce rossastra delle case (sempre più rosse le vigne nelle campagne) sono particolarmente nervosi, eccitati per l'avvenimento, urtano sedie, gatti, bambini e pentole e bestemmiano tutti i santi. Era da giugno che non pioveva.

Anche oggi è giorno di fabbrica, ormai da lungo tempo, sembra quasi da sempre. Anche oggi debbo inventare la maniera per andare a lavorare, il mio paese non è collegato con il posto di lavoro, Agnelli[8] non è riuscito a vendermi una delle sue trappole, e mi fa penare. La gente del paese sa che non ho la patente e mi guarda come se fossi un invalido: guarda un po', non sa neppure guidare la macchina.

Tommaso di Ciaula, *Tuta blu*, Feltrinelli, 1978.

7. **pizzi**: punte.
8. **Agnelli**: il padrone della FIAT.

Per comprendere il testo

1. In quale regione d'Italia si trova la fabbrica Catena-Sud?
2. Da quanti anni è stata costruita?
3. Che effetti ha avuto sul mare?

Per conversare

1. Vi sembra che il narratore sia contento del suo lavoro, della sua tuta, della sua giacca?
2. Perché il timbro Catena-Sud su indumenti da lavoro?
3. Perché l'operaio ripensa con nostalgia ai panni rattoppati del nonno contadino?
4. Che cosa rivela il suo rifiuto di comprare una macchina?
5. Quali passaggi del testo mostrano che quest'operaio è rimasto un contadino nell'anima?
6. Perché, in ultima analisi, non ha seguito la strada del nonno con le toppe?
7. Anche da voi vi sono regioni come quella pugliese dove l'industrializzazione ha trasformato i contadini in operai? Segnalate le conseguenze positive e negative.

Per capire la lingua

1. **Completate le frasi seguenti aggiungendo il pronome relativo, con o senza la preposizione.**

1. La fabbrica .... lavoro è a sei chilometri da Bari.
2. È una fabbrica .... è sorta quindici anni fa.
3. Vedo, in basso, un mare azzurro .... mette allegria.
4. Il mare .... nuotavo, è ormai morto.
5. Ecco la spiaggia .... correvo, quand'ero bambino.
6. Gli amici .... giocavo ogni giorno, lavorano oggi come operai alla catena.
7. Il nonno .... penso sempre, era magro e mal vestito.
8. Aveva una giacca nera .... gli ballava sulle quattro ossa.
9. Penso con nostalgia all'epoca .... ero felice.

2. **Secondo gli esempi componete delle frasi con le seguenti espressioni di tempo e se possibile fate le trasformazioni.**

   Lavoro qui da quasi 14 anni / Sono quasi 14 anni che lavoro qui.
   Una fabbrica sorta 15 anni fa / È da 15 anni (sono 15 anni) che è sorta questa fabbrica.

— da lungo tempo   — da molti anni   — un anno fa
— da sempre   — da poco   — da domani

3. **Mettete all'imperfetto il periodo del brano che inizia da "In linea d'aria..." e finisce a "un mare morto".**

Il lunedì
è il giorno
più nero

Il lunedì è il giorno più nero: non ho trovato statisti-che generali sull'infausto ruolo del lunedì, ma molti studi parziali lo confermano. Da un'indagine risulta che gli incidenti, nel primo giorno della settimana, sono quasi il 48 per cento e decrescono fino al 12 del sabato: quando l'operaio prende il ritmo, è subito domenica e si torna daccapo.

Invece gli infortuni diminuiscono dopo il periodo di ferie, il riposo prolungato procura maggiore equilibrio, certo non si possono fare due settimane di ferie al mese, ma il problema della cadenza lavoro-vacanza va certamente riaffrontato, come già avviene in molti paesi esteri. Comunque gli italiani che staccano[1] il venerdì sera sono soltanto meno di due milioni; un milione di italiani, invece fanno la settimana lunghissima: fra questi ci sono gli operai che la domenica lavorano in proprio.

Questa consuetudine va scomparendo nelle metropoli, ma resiste in provincia: operai che la domenica vanno a raddrizzare i parafanghi nelle carrozzerie, falegnami, idraulici che sono ingaggiati dai cantieri edili a peso d'oro, anche quattromila lire l'ora,[2] elettricisti che fanno un contratto con l'imprenditore: un milione, un mese e l'impianto finito; poi ci sono quelli che recuperano le batterie usate, quelli che riscuotono i soldi delle enciclopedie.[3] Domeniche da cane,[4] si

1. **staccano**: cessano il lavoro.
2. Il brano è del 1978.
3. Vendute a rate.
4. **da cane**: molto faticose, penose.

lavora col fiato[5] perché va bene la settimana corta e le ferie lunghe ma, per godersele, ci vuol più potere d'acquisto, il serpente si morde la coda.[6] E gli estremi si toccano: il lunedì è giorno-no,[7] sia che abbia alle spalle il riposo, sia il lavoro extra.

Luca Goldoni, *È gradito l'abito scuro* (1972), Mondadori, 1985.

5. **col fiato**: col fiato sospeso.
6. **il serpente... coda**: non si esce fuori dal problema, è una situazione senza via d'uscita.
7. **giorno-no**: giorno negativo, sfortunato.

Per comprendere il testo

1. Secondo Luca Goldoni, quanti lavoratori sono vittime d'incidenti il lunedì?
2. E il sabato?
3. Come si spiega questa differenza?
4. A che epoca dell'anno diminuiscono gli infortuni? Perché?
5. Sono numerosi gli italiani che smettono di lavorare il venerdì?
6. E quelli che fanno la settimana lunga?
7. A quale categoria sociale appartengono?
8. Come mai lavorano anche di domenica?

Per conversare

1. La gente che si è divertita la domenica ricomincia la settimana sotto migliori auspici?

2. Si sta diffondendo molto, anche in Italia, l'uso del "fai da te" e parecchia gente passa la domenica a riparare il motorino del figlio, a imbiancare la casa, a costruire un tavolinetto per la TV. Vi sembra un modo simpatico di trascorrere il fine-settimana?

3. Discussione possibile sul "lavoro nero" (non necessariamente in Italia): cause e conseguenze.

Per capire la lingua

1. Sostituite le parole in nero con un'espressione contenuta nel testo.

1. Il lunedì è il giorno più **sfavorevole** per gli operai.
2. Bisogna ogni volta ricominciare **dal principio**.
3. Sono poco numerosi gli operai che **smettono di lavorare** il venerdì sera.
4. Gli idraulici e gli elettricisti sono pagati **moltissimo**.
5. Ho passato una giornata **molto dura**.
6. Ho trascorso al mare le **vacanze** estive.

2. Rispondete alle seguenti domande sui mestieri.

1. Chi è addetto agli impianti elettrici?   L'elettricista
2. Chi ripara i rubinetti guasti?   ....
3. Chi cura i malati?   ....
4. Chi risuola le scarpe?   ....
5. Chi distribuisce la posta?   ....
6. Chi ripara gli orologi?   ....
7. Chi guida i tassì?   ....
8. Chi lavora in ufficio?   ....
9. Chi spiega la lezione?   ....
10. Chi costruisce la casa?   ....
11. Chi dirige gli attori?   ....
12. Chi fa il pane?   ....
13. Chi dirige il traffico?   ....
14. Chi ripara le automobili?   ....

3. Coniugate il verbo tra parentesi.

1. Un milione di italiani (avere) la settimana lunghissima.
2. Il 48 per cento degli incidenti (accadere) il lunedì.
3. Il 12 per cento degli incidenti (avvenire) il sabato.
4. La maggior parte degli italiani (staccare) il venerdì sera.
5. Un gran numero di operai (lavorare) anche alla domenica.

Disoccupato

Dove sen[1] va di buon mattino
quell'uomo al quale m'assomiglio,[2] un poco?
Ha gli occhi volti all'interno, la faccia
sì dura e stanca.

Forse cantò coi soldati di un'altra
guerra,[3] che fu la guerra nostra. Zitto
egli sen va, poggiato al suo bastone
e al suo destino,

tra gente che si pigia
in lunghe file alle botteghe vuote.[4]
E suona la cornetta[5] all'aria grigia
dello spazzino.

Umberto Saba, *Canzoniere* (1921), Einaudi, 1980.

1. **sen**: se ne (andar*sene*).
2. **m'assomiglio**: mi paragono.
3. La prima guerra mondiale.
4. **si pigia... vuote**: in tempo di guerra si faceva la fila davanti ai negozi vuoti (per scarsità di prodotti).
5. **cornetta**: piccola tromba con la quale lo spazzino (oggi: netturbino) segnalava alle casalinghe il suo passaggio.

Per conversare

1. Quali elementi mostrano che questa poesia è stata scritta nel 1944?

2. In che modo la descrizione fisica del disoccupato traduce la sua stanchezza e la sua rassegnazione?

3. Perché il poeta è così colpito da questa apparizione mattinale?

4. Cosa aggiungono "l'aria grigia" e "la cornetta dello spazzino" all'atmosfera di questa poesia?

5. Con quali procedimenti stilistici U. Saba ottiene un ritmo lento e grave?

Disoccupati o fannulloni?

In questo racconto Calvino narra la storia di due fratelli ormai grandi, Pietro e Andrea. Figli di piccoli possidenti, non hanno né la voglia né il coraggio di trovarsi un lavoro. Il narratore è Pietro.

Al mattino di solito non esco, resto a girare per i corridoi con le mani in tasca, o riordino la biblioteca. Da tempo non compro più libri: ci vorrebbero troppi soldi e poi ho lasciato perdere troppe cose che m'interessavano e se mi ci rimettessi vorrei leggere tutto e non ne ho voglia. Ma continuo a riordinare quei pochi libri che ho nello scaffale: italiani, francesi, inglesi, o per argomento: storia, filosofia, romanzi, oppure tutti quelli rilegati insieme, e le belle edizioni, e quelli malandati[1] da una parte.

Mio fratello invece va al caffè Imperia a vedere giocare al biliardo. Non gioca perché non è capace: sta ore e ore a vedere i giocatori, a seguire la biglia negli effetti,[2] nei rinterzi,[3] fumando, senz'appassionarsi, senza scommettere perché non ha soldi. Alle volte gli danno da segnare i punti, ma spesso si distrae e sbaglia. Fa qualche piccolo commercio, quanto gli basta per comprarsi da fumare; da sei mesi ha fatto domanda per un posto, ma non si dà da fare[4] per averlo, tanto[5] il mangiare per ora non gli manca.

A pranzo mio fratello arriva tardi, e mangiamo zitti tutt'e due. I nostri genitori discutono sempre di spese e debiti, e di come fare a tirare avanti[6] con due figli che non guadagnano, e nostro padre dice: "Vedete il vostro amico Costanzo, vedete il vostro amico Augusto". Perché gli amici nostri non sono come noi: han

1. **malandati**: rovinati, mal ridotti.
2. **effetti**: colpi dati alle biglie in modo da farle muovere in direzione diversa dalla normale linea retta.
3. **rinterzi**: colpi con i quali il giocatore deve colpire con la propria biglia quella dell'avversario che deve toccare due sponde del biliardo prima di incontrare i birilli o il pallino.
4. **non si dà da fare**: non fa niente.
5. **tanto**: ad ogni buon conto.
6. **tirare avanti**: vivere, campare.

fatto una società per la compravendita dei boschi da taglio[7] e son sempre in giro che trafficano, e contrattano, anche con nostro padre, e guadagnano mucchi di soldi e presto avranno il camion. Sono degli imbroglioni e nostro padre lo sa: però gli piacerebbe vederci come loro, piuttosto che come siamo: "Il vostro amico Costanzo ha guadagnato tanto in quell'affare" dice. "Vedete se potete mettervici anche voi." Ma con noi i nostri amici vengono a spasso, ma affari non ce ne propongono: sanno che siamo fannulloni e buoni a nulla.

Al pomeriggio mio fratello torna a dormire: non si sa come faccia a dormire tanto, pure dorme. Io vado al cinema: ci vado tutti i giorni, anche se ridanno dei film che ho già visto, così non faccio fatica a tener dietro[8] alla storia.

Dopo cena, sdraiato sul divano, leggo certi lunghi romanzi tradotti che mi imprestano: spesso nel leggere perdo il filo e non riesco mai a venirne a capo:[9] Mio fratello s'alza appena mangiato ed esce: va a veder giocare al biliardo.

Italo Calvino, *Racconti* (1958), Einaudi, 1985.

7. **da taglio**: che si tagliano periodicamente.
8. **tener dietro**: seguire.
9. **perdo... capo**: dimentico quello che ho letto e non ci capisco più niente.

Per comprendere il testo

1. Che cosa fa Pietro tutta la mattina?
2. Secondo quali criteri riordina i suoi libri?
3. È colto questo ragazzo?
4. Dove va Andrea, al mattino?
5. Perché non gioca a biliardo?
6. Perché non scommette? Perché non segna i punti?
7. Dove trova i soldi per fumare?
8. E per mangiare?
9. Si dà da fare per trovarsi un lavoro?
10. Cosa dicono i genitori dei ragazzi?
11. Che cosa fa Andrea nel pomeriggio?
12. E Pietro?
13. Come passano le serate l'uno e l'altro?

Per conversare

1. Che studi ha fatto, secondo voi, il protagonista?

2. Che cosa ha tolto loro ogni iniziativa di vita?

3. I loro genitori sono ascoltati dai figli?

4. Questi ultimi, come sono considerati dagli amici che lavorano?

5. Il racconto si svolge nel 1948: è possibile che l'esperienza della guerra abbia influito sul carattere di questi giovani? Come?

Per capire la lingua

1. **Completate le frasi rispettando il senso del testo.** Non siete però obbligati ad adoperare parole identiche a quelle di cui si serve Italo Calvino.

   1. Pietro non compra più libri perché ....

   2. Pietro .... i suoi libri nello scaffale.

   3. Andrea non gioca al biliardo perché ....

   4. Andrea non segna i punti perché ....

   5. Andrea e Pietro mangiano ....

   6. I genitori dei ragazzi non sanno come fare

      a ....

   7. Costanzo e Augusto guadagnano ....

   8. Andrea e Pietro non lavorano mai,

      sono ....

   9. Pietro va al cinema ....

   10. La sera si sdraia .... per leggere un romanzo.

2. **Nelle frasi che seguono trasformate il gerundio in un verbo di modo finito.** Le possibilità sono numerose.
   Tornando a casa, sono caduto / *Mentre tornavo* a casa, sono caduto.
   Giocando al biliardo, potrai vincere / *Se giocherai* al biliardo, potrai vincere.

   1. **Leggendo** il libro, si distraeva e pensava ad altro.
   2. Non **avendo** voglia di lavorare, passo le giornate al bar.
   3. **Giocando** al biliardo, mi sono slogato un polso.
   4. **Passeggiando** per il corso, incontrai tuo fratello.
   5. **Ricordandogli** sempre che bisogna lavorare, si ottiene il risultato contrario.
   6. **Lavorando** senza sosta, diventerai ricco.
   7. **Vedendo** suo padre tutto arrabbiato, Andrea si chiuse in camera sua.
   8. **Sbagliando** s'impara (proverbio).

3. **Componete delle frasi con le espressioni "dare da fare", "darsi da fare", "come fare".**

Al paese*

Al paese, dove su ogni balcone
nascono i gerani,
dove ragazzi giocano a piedi nudi
con una palla di pezza,[1]
dove le donne si vestono di nero
anche quando è festa,
lì ho lasciato il mio pianto.

Al paese, dove fanciulle in fiore
dai mille sguardi segreti
aspettano dietro persiane chiuse
il principe azzurro,[2]
mentre ricamano
e il tempo scorre lento
nel vuoto dei loro giorni,
lì ho lasciato il mio corpo.

Al paese, dove c'è l'amore per i campi,
una terra avara che non regala mai niente,
dove l'uomo muore con la natura
sfiancato[3] dalla fatica,
lì ho lasciato l'amarezza.

* Testo e musica di Mario De Leo - Proprietà dell'Autore,
in: Savona-Straniero (a cura di), *Canti dell'emigrazione*,
Garzanti, 1976.

1. **pezza**: tessuto, stoffa.
2. **principe azzurro**: il principe delle fiabe, l'uomo da spo-
    sare che si sogna a occhi aperti.
3. **sfiancato**: sfinito, stanco morto.

Se io trovassi lavoro

Uno svizzero, il signor Blaser, sta facendo il giro dei paesi siciliani per reclutare giovani operaie. Tra queste, c'è una certa Rosalia, desiderosa di emigrare per farsi la dote. Il fidanzato della ragazza, che vorrebbe trattenerla, si sfoga pateticamente coll'autista italiano di Blaser.

«**S**e io trovassi lavoro...» disse il giovane. «Lo troverai: con tutta la gente che se ne va, il lavoro a chi resta non dovrebbe mancare.»

«Il fatto è che più gente se ne va, più il paese diventa povero.»

«Non può essere» disse l'autista, che all'economia applicava semplice aritmetica.

«Non è come quando si sta seduti in molti su una panca, stretti, stretti, pigiati: che uno si alza e gli altri tirano respiro e si mettono più comodi... Qui nessuno è seduto: e chi se ne va, gli altri nemmeno se ne accorgono; o si accorgono solo che il paese si va facendo vuoto.»

«Non è un discorso chiaro» disse l'autista.

«No, non è chiaro» convenne il giovane.

«Ma perché non te ne vai in Svizzera anche tu? In Svizzera, in Germania... La Germania è a due passi dalla Svizzera.»

«Ci sono già stato in Germania, per tre mesi... Ma io dico: l'uomo non è un cane... Può starsene straregnato,[1] in un paese non suo, a soffrire perché tutto questo gli manca» accennò alla chiesa, alla piazza intorno, al cielo che si struggeva nell'oro del tramonto[2] «ma il diritto non deve levarglielo nessuno.»

«Il diritto? E che, non ti pagavano?»

«Mi pagavano, il conto ad ogni venerdì sera tornava[3] fino al centesimo: onesti, precisi. Ma io voglio dire il diritto di essere come ora qui: che ci siamo appena conosciuti, ma lei è una persona e io sono una persona, e siamo uguali, e parliamo... Con loro invece è diverso: non ci vedono, ecco, non ci vedono... E uno si

---

1. **straregnato**: esiliato.
2. **struggeva... tramonto**: immagine figurata: il cielo perdeva il suo colore per fondersi in quello dorato del tramonto.
3. **il conto... tornava**: era esatto.

sente come una mosca appesa a un filo di ragno, a dondolare su quei loro bicchieri di birra... La birra! Cristo santo, la birra!...»

«Eh sì» disse l'autista: e per i ricordi che improvvisamente l'assalirono si sentì nelle ossa una incrinatura di gelo.[4]

«Ed è per questo che il pensiero che lei[5] debba fare la prova che ho fatto io, mi fa impazzire: anche se si tratta della Svizzera...»

Leonardo Sciascia, *Il mare colore del vino* (1971), Einaudi, 1985.

4. **si sentì... gelo**: immagine concreta, fisica: i ricordi del passato lo fanno inorridire, lo raggelano.
5. **lei**: Rosalia.

Per comprendere il testo

1. Dove si svolge l'azione del testo?
2. Chi ne sono i protagonisti?
3. Di cosa parlano?
4. In che modo l'autista cerca d'incoraggiare il giovane disoccupato?
5. Che ricordi conserva quest'ultimo dei tre mesi trascorsi in Germania?
6. Su quale elemento insiste?

Per conversare

1. Commentate la frase del giovane: "più gente se ne va, più il paese diventa povero".

2. È convinto l'autista di questa affermazione?

3. Quali termini del brano mostrano che l'autista ha vissuto un'esperienza parallela?

4. Perché il giovane è angosciato all'idea che la sua fidanzata debba partire?

5. Vi sono emigrati italiani nel vostro paese?

6. Sono riusciti ad integrarsi?

7. Ritornano spesso in Italia?

8. Quali sono gli ostacoli che hanno incontrato o che continuano ad incontrare?

9. Gli emigrati che sono "riusciti a sfondare" hanno rinunciato alla loro "italianità"?

Per capire la lingua

1. Spiegate le espressioni seguenti.

— **Si strugge** di non poter fare nulla per lui.
— L'emigrato **si strugge** di nostalgia.
— Il **conto torna** fino all'ultima lira.
— Gli **torna conto** far finta di non capire.
— Pensa solo al proprio **tornaconto**.

2. Trasformate le frasi seguenti secondo il modello:
Non trovo lavoro e mi lamento / Se non trovassi lavoro, mi lamenterei.

1. Rosalia non vuole restare ed io sono disperato.
2. Il signor Blaser non è comprensivo ed io lo odio.
3. Il cielo non è sereno ed io rimango a casa.
4. Il guadagno non è molto ed io protesto.
5. Non mi piace andare all'estero e resto in Italia.

3. Immaginate il dialogo fra il giovane del brano e la sua fidanzata.
(Il giovane non vuole che la fidanzata vada in Svizzera. La fidanzata è decisa a partire proprio perché col denaro guadagnato potrà "metter su casa".)

4. Sostituite gli indefiniti con la parola "gente".
(Es.: *Tutti* se ne vanno = *Tutta la gente* se ne va.)

1. Più **gli altri** se ne vanno, più il paese diventa povero.
2. **Molti** stanno seduti su una panca.
3. **Alcuni** non se ne accorgono.
4. **Parecchi** si sono alzati e hanno tirato un respiro.
5. Ma perché **qualcuno** non va in Svizzera?

Anche i padroni lavorano

Il "padrone" in questione è l'avvocato Gianni Agnelli, direttore della FIAT (Fabbrica Italiana Automobili Torino) dal 1966.

Ho chiesto all'avvocato il resoconto di una sua giornata: "Mi sveglio alle 6, ricevo i giornali, mezz'ora dopo entra in funzione il centralino telefonico, faccio le chiamate oltre Atlantico, così non interrompo il sonno di nessuno. Poi, passo all'Italia, e qualcuno, me ne dispiace, si desta con la mia voce. Alle 7.30 mi alzo e mi vesto; alle 8.15 sono in ufficio dove rimango fino all'ora di colazione. Poi dormo fino alle 15.30, scorro i ritagli della rassegna della stampa,[1] torno a lavorare fino alle 20. Come passo il mio tempo dietro la scrivania? Un terzo in appuntamenti, un terzo per le lettere, il resto in riunioni. I temi che mi interessano, i problemi? Per due terzi la Fiat, il resto l'IFI.[2] In questi ultimi anni, sono stato più a Roma che a Torino, e ho fatto meno viaggi all'estero, non l'ho più sottomano. Non ho conosciuto Chirac,[3] non ho visto la Spagna dopo Franco, non sono stato in Portogallo. Ho il cinema in casa, una sera su due vedo un film, forse un po' meno, fra le undici e mezzanotte vado a letto, e prima della mezza mi addormento."

Hanno registrato il diario di una giornata festiva: alle 8 era in corso Marconi,[4] parlò con dei collaboratori fino alle 10, un rapido pranzo con la moglie ed Edoardo,[5] poi a Roma in aereo. La sera a un party con principi, e stelle del cinematografo, poi in un club fino alle 5, e alle 7 sveglia. L'agenda segnava, per il giorno dopo, appuntamenti col governatore della Banca

---

1. **scorro... stampa**: do un'occhiata ai principali articoli della stampa internazionale.
2. **IFI**: Istituto Finanziario Italiano, società di capitali quotata alla Borsa di Milano.
3. **Chirac**: Jacques Chirac, uomo politico francese, sindaco di Parigi.
4. **corso Marconi**: sede degli uffici della FIAT.
5. **Edoardo**: il figlio di Gianni Agnelli.

d'Italia, col ministro Colombo, coi presidenti dell'IRI[6] e della Montedison.[7] Sette ore di colloqui, con un intervallo per un breve riposo pomeridiano che, se può, non trascura mai. Ritorno a Torino, in ufficio, e alle 20 cena con dei rumeni. Ogni anno passa più di quattrocento ore sui suoi due jet, un Mistère e un Grumman Gulfstream, che è la misura di un pilota professionista; vola più di Kissinger,[8] dice qualcuno. È capace di passare un fine settimana tra un ghiacciaio svizzero, un bagno in Tunisia e la serata a Montecarlo. "In questo modo" spiega "ho la sensazione di avere molte possibilità di vita."

Racconta Clara:[9] "Lo incontriamo per caso da qualche parte: cosa si gira il mondo, dice, quando i posti più belli sono in Italia? Con che cosa cambieresti Ischia o Capri?".

Ma la frenesia lo riprende: deve essere sempre occupato, bisogna correre. C'è una battuta, che, forse, gli hanno attribuita: "Si dice che i ricchi non sanno quanto i poveri sono poveri, ma i poveri non sanno quanto i ricchi lavorano".

Enzo Biagi, *Il signor Fiat*, Rizzoli, 1976.

6. **IRI**: Istituto per la Ricostruzione Industriale, fondato il 3 gennaio 1933.
7. **Montedison**: grande società attiva in diversi campi, ma soprattutto nel settore chimico.
8. **Kissinger**: il testo è del 1976; Henry Kissinger era allora segretario di stato agli affari esteri degli Stati Uniti.
9. **Clara**: una delle sorelle di Gianni Agnelli.

Lo stabilimento Fiat di Rivalta, nella pagina di fronte, e, accanto, un moderno robot usato per la produzione delle automobili.

Per comprendere il testo

1. A che ora si sveglia il "signor FIAT"?
2. Perché telefona in America prima che in Italia?
3. A che ora si alza?
4. Quanto tempo passa dietro la sua scrivania?
5. Come lo occupa?
6. Dove vive?
7. Fa molti viaggi all'estero?
8. Va talvolta al cinema?
9. A che ora si corica?
10. Le giornate festive di Agnelli assomigliano a quelle feriali?
11. Si sposta molto per il suo lavoro e le sue distrazioni?
12. Con che mezzi di trasporto?

Per conversare

1. Perché il signor Agnelli vive in modo così frenetico?

2. Commentate la battuta finale: "Si dice che i ricchi non sanno quanto i poveri sono poveri, ma i poveri non sanno quanto i ricchi lavorano".

3. Le automobili italiane sono no apprezzate nel vostro paese?

Per capire la lingua

1. **Fate il resoconto di una vostra giornata di lavoro.**
2. **Fate il resoconto di una vostra giornata festiva.**
3. **Riferite ad un amico qual è la giornata di lavoro di Gianni Agnelli:** "Si sveglia...".

73

3

Per un bel giorno

Un cielo così puro
un vento così leggero
non so più dove sono
dove ero.

Attilio Bertolucci,
La capanna indiana

Lasciatemi divertire

Bartolomeo Manfredi,
Concerto, **secolo XVII**

uproar *matter* *gara = competition*

Che cagnara,
amici miei!

Dunque, era sabato grasso. I miei genitori non c'erano. La madre era via per una faccenda di lavoro, il padre a fare una gara di sci (fondo). Vi può sembrar strano che un padre di figli grandi passi il week-end a fare gare di sci, ma era anche una rivalsa[1] contro mia madre, capito? ("Ah, tu parti? Be', anch'io. Ah, tu torni domenica pomeriggio? Be', io domenica sera.")

Prima di partire, sabato mattina, mia madre aveva appuntato in giro per la casa i suoi soliti cartellini (*Portate fuori i cani. Hanno mangiato i gatti? Non fate uscire gli uccelli. Bada a tua sorella.* CHIUDETE IL GAS). Mio padre, euforico com'è sempre prima di una gara di sci (dopo la gara meno) prima di andarsene mi aveva detto con insolita liberalità: "È carnevale, fate un po' quel che volete. Fa' venire chi ti pare: basta che lascino a casa gli strumenti".[2]

È stato esaudito. Nessuno ha portato gli strumenti. Ognuno in compenso ha portato: mezzo chilo di spaghetti, o una scatola di pelati,[3] o delle salsicce, o una bottiglia. Non di acqua, intendo. Alle cinque del pomeriggio la casa era già piena. Non so se capiti anche a voi, ma quando io organizzo un casino[4] all'ultimo momento, specie se è carnevale o in altre occasioni di genere festereccio,[5] molti hanno già qualche impegno, mezzo o intero, per cui dicono: "ma, adesso vedo, se riesco a liberarmi, spero di farcela ma non garantisco", eccetera, così per andar sul sicuro,[6] non

---

1. **rivalsa**: rivincita, piccola vendetta.
2. **strumenti**: musicali. Il padre ha paura che facciano rumore e disturbino i vicini con i loro "concerti".
3. **pelati**: pomodori in conserva, senza buccia.
4. **casino**: qui riunione chiassosa.
5. **festereccio**: festivo, festoso, con una punta dispregiativa.
6. **per andar sul sicuro**: per essere sicuro di avere gente.

solo invito tutti gli amici ma li esorto a invitare a loro volta altra gente eventuale, e così alla fine succede che: o vengono in pochissimi, o vengono in moltissimi. Stavolta sono venuti in moltissimi. Amici intimi e amici di amici di amici di amici intimi.

La mia casa non è grande, e all'inizio c'è stato un po' di disagio, in quanto: *a*, non si sapeva dove sedersi (tutti in terra o sui letti); *b*, non si sapeva dove mettere i cappotti (pigne orrende[7] sugli attaccapanni e in ogni dove); *c*, gli intimi stentavano a ingranare[8] coi non intimi e viceversa. Nonostante questo, non si sa come, c'era un gran baccano. E dopo un po', nonostante l'apparente incomunicabilità, eravamo tutti fratelli. Da dire che[9] nello studietto di mia madre funzionava, segretissimo, il bar dei superalcolici, e si sa come vanno i segreti in questi casi.

Ricordo comunque, seppur non molto lucidamente, che: 1, abbiamo fatto un coro in camera mia e un altro in camera di mia sorella, con sottofondo di coperchi; 2, io e la Tessa ci siamo pestati, ma questo è normale; 3, la Peppa, nostra pastora[10] bergamasca di temperamento emotivo, non si sa se per protesta o per attirare l'attenzione, ha rovesciato i due attaccapanni dell'anticamera e con l'aiuto del gigantesco figlioletto Tonto ha cominciato a trascinare cappotti e pellicce sotto il lavandino di cucina; 4, per dissuadere la Peppa dall'insano proposito, il mio amico Tromba (il nome deriva dallo strumento che suona) le ha fatto ballare il tango: trascinata su due zampe nel vortice della danza, la Peppa guaiva svenevolmente;[11] non si sa se

---

7. **pigne orrende**: mucchi orribili, da far paura.
8. **ingranare**: affiatarsi, fare amicizia.
9. **Da dire che**: c'è da dire che, bisogna aggiungere.
10. **pastora**: come da pastore femmina.
11. **guaiva svenevolmente**: mugolava in modo eccessivamente dolce, artificioso.

per gratitudine o terrore, mentre i gatti si rotolavano selvaggiamente nei cappotti esercitando le unghie e lasciando peli dappertutto; 5, il vicino di sotto ha picchiato con la scopa nel soffitto e quello di fianco coi pugni nel muro, ma mio padre aveva detto: basta che non suonate gli strumenti, per il resto fate quel che volete. Noi rispettiamo gli ordini dei genitori. Onora il padre e la madre. Mica il vicino di sotto e di fianco. Tutto procedeva a gonfie vele.[12]

Brunella Gasperini, *Storie d'amore storie d'allegria*, Rizzoli, 1976.

12. **a gonfie vele**: alla perfezione.

Per comprendere il testo

1. Che giorno è?
2. Dove sono i genitori del ragazzo?
3. Perché la madre appunta cartellini in giro per la casa?
4. In che consiste "l'insolita liberalità" del padre?
5. Non impone al figlio nessuna restrizione?
6. Cosa portano gli invitati?
7. Perché sono eccezionalmente numerosi?
8. Riescono a fare amicizia fra di loro?
9. Grazie a cosa?
10. Quali incidenti succedono durante la serata?
11. Chi sono la Peppa e il Tonto?
12. Ci sono altri animali in questa casa?
13. In che modo collaborano ad aumentare la confusione generale?
14. Come reagiscono i vicini di casa?
15. Con quale risultato?

Per conversare

1. È vero che tutto "procedeva a gonfie vele"?

2. Mettete in rilievo la vivacità e l'umorismo del testo.

3. Immaginate e raccontate il seguito possibile di questa storia.

Per capire la lingua

1. Completate le frasi seguenti sostituendo ai puntini gli opportuni possessivi, con o senza l'articolo.

1. Maurizio ci dice che ...*suoi*... genitori non c'erano:
   ...*la*... madre era in giro per lavoro e ...*il*...
   padre in montagna.

2. Maurizio invita .... amici
   e quelli di .... sorella.

3. Scusatemi tanto, ... cane si è seduto
   sulla pelliccia di Tessa e .... gatti hanno
   graffiato tutti i cappotti.

4. Tromba è venuto da me con tutti .... dischi.

5. Anche Dario e Nicola hanno portato .... dischi.

6. Non possiamo andare da Maurizio perché sono arrivati
   .... nonni da Roma.

2. Dopo aver letto attentamente il testo e senza guardare le note, sottolineate la risposta giusta.

gara	rivalsa
1. competizione	1. regresso
2. puntiglio	2. rivincita
3. duello	3. rivalità

esaudito	disagio
1. accontentato	1. comodo
2. convinto	2. fretta
3. scontentato	3. imbarazzo

baccano	pestarsi
1. esultanza	1. prendersi a botte
2. orgia	2. strapparsi i capelli
3. chiasso	3. abbracciarsi

svenevolmente	a gonfie vele
1. in modo elegante	1. benissimo
2. in modo grazioso	2. malissimo
3. in modo sdolcinato	3. così così

3. Nelle frasi seguenti sostituite l'imperativo di seconda persona plurale con l'imperativo di seconda persona singolare e viceversa.

Portate fuori i cani!   Chiudete il gas!
Bada a tua sorella!   Porta la tromba!
Date l'insalata agli uccelli! Fate un po' quel che volete!
Onora il padre e la madre!   Fa' venire chi ti pare!

4. Mettete alla forma negativa tutte le frasi dell'esercizio precedente.

Dimmi come finisce il romanzo

La prigione era una torretta sulla riva del mare. Una macchia di pinastri[1] le cresceva dappresso. D'in cima a uno di questi pinastri, Cosimo arrivava quasi all'altezza della cella di Gian dei Brughi e vedeva il suo viso all'inferriata.

Al brigante non importava nulla degli interrogatori e del processo; comunque andasse, l'avrebbero impiccato; ma il suo pensiero erano quelle giornate vuote lì in prigione, senza poter leggere e quel romanzo lasciato a mezzo. Cosimo riuscì a procurarsi un'altra copia di *Clarissa*[2] e se la portò sul pino.

"Dov'eri arrivato?"

"Quando Clarissa scappa dalla casa di malaffare!"[3]

Cosimo scartabellò[4] un poco, e poi: "Ah, sì, ecco. Dunque": e cominciò a leggere ad alta voce, rivolto verso l'inferriata, alla quale si vedevano aggrappate le mani di Gian dei Brughi.

L'istruttoria andò per le lunghe; il brigante resisteva ai tratti di corda;[5] per fargli confessare ognuno dei suoi innumerevoli delitti ci volevano giornate e giornate. Così ogni giorno, prima e dopo gli interrogatori se ne stava ad ascoltare Cosimo che gli faceva la lettura. Finita *Clarissa*, sentendolo un po' rattristato, Cosimo si fece l'idea che Richardson, così al chiuso, fosse un po' deprimente; e preferì cominciare a leggergli un romanzo di Fielding, che con la vicenda movimentata lo ripagasse un poco della libertà perduta. Erano i

1. **pinastri**: pini selvatici, detti anche pini marittimi.
2. *Clarissa*: romanzo di Samuel Richardson, scrittore inglese (1689-1761). Nell'imprigionarlo gli sbirri hanno tolto a Gian dei Brughi il romanzo che stava leggendo.
3. **casa di malaffare**: casa per prostitute.
4. **scartabellò**: sfogliò rapidamente le pagine.
5. **tratti di corda**: tortura consistente nel sollevare con una carrucola il torturato e nel lasciarlo cadere di colpo e più volte nel vuoto con forte strappo delle braccia.

Negli anni che precedono la Rivoluzione francese Gian dei Brughi, celebre brigante, scopre le gioie della lettura. È la fine della sua carriera di predatore. Incapace di compiere nuove ruberie, rammollito dai libri, si lascia afferrare da una squadra di sbirri che lo portano di peso in prigione. Cosimo, "il barone rampante" (così chiamato perché ha deciso di vivere sempre sugli alberi per opporsi alle angherie della sua nobile famiglia), resterà fino all'ultimo fedele al suo amico.

giorni del processo, e Gian dei Brughi aveva mente solo ai casi di Jonathan Wild.[6]
Prima che il romanzo fosse finito, venne il giorno dell'esecuzione. Sul carretto, in compagnia d'un frate, Gian dei Brughi fece l'ultimo suo viaggio da vivente. Le impiccagioni a Ombrosa si facevano a un'alta quercia in mezzo alla piazza. Intorno tutto il popolo faceva cerchio.
Quand'ebbe il cappio al collo, Gian dei Brughi sentì un fischio di tra i rami. Alzò il viso. C'era Cosimo col libro chiuso.
"Dimmi come finisce," fece il condannato.
"Mi dispiace di dirtelo, Gian," rispose Cosimo, "Gionata finisce appeso per la gola."
"Grazie. Così sia di me pure! Addio!" e lui stesso calciò via la scala, restando strozzato.

Italo Calvino, *Il barone rampante* (1957), Einaudi, 1981.

6. **Jonathan Wild**: nel 1743 Henry Fielding (1707-1754) aveva pubblicato il romanzo *The History of the late Mr. Jonathan Wild the Great*, ritratto di un mostruoso furfante.

Per comprendere il testo

1. In che modo possono comunicare Cosimo e Gian dei Brughi?
2. Che letture fa il barone al suo amico?
3. Perché dopo *Clarissa* decide di leggergli un romanzo di Fielding?
4. L'autore dice che al brigante "non importava nulla degli interrogatori e del processo" ma aggiunge che "per fargli confessare ognuno dei suoi innumerevoli delitti ci volevano giornate e giornate": come spiegate questa apparente contraddizione?
5. Qual è l'atteggiamento del condannato il giorno dell'esecuzione?
6. Che cosa chiede a Cosimo?
7. Come reagisce quando conosce la fine di Gionata?

1. Vi piace leggere? Romanzi, poesie, saggi storici, biografie, gialli, giornali, rotocalchi, fotoromanzi, fumetti?...

2. Parlate di una lettura recente che vi abbia particolarmente interessato.

Per capire la lingua

1. Spiegate il valore preciso dei termini e delle espressioni che seguono, tutte relative alla "giustizia".

sbirro - questore - giudice - imputato - reo - reato - delitto
furto - taglia - guardina - cella - inferriata - arringa
interrogatorio - processo - istruttoria

carcere preventivo - carcere duro - Corte d'Assise
condannare all'ergastolo - stare al fresco - mettere dentro
mettere in gattabuia - vedere il sole a scacchi

2. Imperfetto o passato remoto? Completate le frasi del brano coniugando correttamente i verbi fra parentesi.

Cosimo stava leggendo il *Gil Blas* di Lesage, tenendo
con una mano il libro e con l'altra il fucile.
Il cane Ottimo Massimo cui non (piacere) che il padrone
leggesse, (girare) intorno cercando pretesti per distrarlo:
abbaiando per esempio ad una farfalla per vedere
se (riuscire) a fargli puntare il fucile. In quel momento
(arrivare) Gian dei Brughi, inseguito da dieci sbirri.
Cosimo (avere) una fune sul noce e la (gettare) al brigante.
Il brigante (attaccarsi) alla corda, (arrampicarsi) velocissimo
e (nascondersi) in mezzo alle fronde del noce.
Passato il pericolo (chiedere) a Cosimo di prestargli
qualcosa da leggere perché, a lungo andare (annoiarsi)
nella solitudine dei suoi nascondigli. Cosimo gli (prestare)
Gil Blas e (cominciare) così i rapporti amichevoli fra
il baroncino e il malfattore. Appena Gian dei Brughi aveva
finito un libro, (correre) a restituirlo a Cosimo, ne (prendere)
un altro (scappare) a rintanarsi nel suo rifugio segreto
e (sprofondare) nella lettura.
Pressato dalle richieste del brigante, Cosimo (dovere)
andare a cercarsi nuovi fornitori di libri e fu così che
(conoscere) Ortecchi, un mercante ebreo
che gli (procurare) opere in più tomi in cambio di lepri,
pernici e starne.

3. Trasformate in italiano corrente le parole e le espressioni in nero.

1. Una macchia di pinastri le cresceva **dappresso**.
2. **D'in cima a** uno di questi pinastri, Cosimo arrivava quasi all'altezza della cella.
3. Cosimo **si fece l'idea** che Richardson fosse un po' deprimente.
4. **Aveva mente** solo ai casi di Jonathan Wild.
5. Gian dei Brughi sentì un fischio **di tra i** rami.

Tutti tifosi davanti al video

Quando vennero i Campionati Mondiali[1] io mi organizzai. Mentre era lì, dimentico di tutto, per seguire gli omini[2] nazionali e internazionali che si disputavano il pallone, io uscivo da sola come quando ero ragazza.

Ci trovavamo fra donne. I mariti a casa, davanti alla luce folle del televisore e noi fuori a passeggiare (era giugno). Oppure al cinema, teatro, conferenze. Organizzammo movimenti di liberazione della donna e gruppi di autocoscienza femminile. Ogni tanto dalle finestre aperte sentivamo le urla sgangherate[3] dei mariti che accompagnavano i gol e io pensavo al mio, muto e impietrito.

Delle volte mi pregava di non uscire. "Stai in casa" mi diceva "perché c'è l'Intervallo."

Durante l'Intervallo ci scambiavamo fitto fitto[4] tutte le notizie necessarie (corrispondenza, telefonate, affari, problemi familiari, e nello stesso tempo gli davo da mangiare), poi alla fine della partita mi informava: "Abbiamo vinto".

"Chi contro chi?"

"Ma come chi contro chi?" si spazientiva. "Noi italiani contro Haiti" (che era una squadra scagherina,[5] ma io non lo sapevo).

"Sarai contento, allora" dicevo. No, putroppo non era contento perché Haiti valeva poco.

"Aah!" dicevo. E avrei voluto aggiungere: "E a me? Che cosa mi interessa?". Ma invece gli dicevo, con sincera commiserazione: "Di' la verità, forse avresti preferito che io fossi un maschio".

---

1. **Campionati Mondiali**: i campionati mondiali di calcio.
2. **omini**: diminutivo di uomini.
3. **sgangherate**: disordinate, scomposte.
4. **fitto fitto**: rapidamente e senza interruzioni.
5. **scagherina**: scadente, che vale poco (dialettale).

Poi una sera mi avvertì con amarezza: "Siamo stati eliminati".

"Oh, meno male!" esultai. "Così adesso non ci pensiamo più."

"Come, meno male?!" si inalberò.[6] Poi mi annunciò che, comunque, lui avrebbe continuato a fare tutt'uno con la poltrona[7] davanti al video, anche le sere successive, avrebbe seguito le finali, le finalissime, fino alla fine degli omini, fino alla fine del mondo.

"Sì, ma te ne importa meno, però" dissi.

No, macché, anzi, in quei momenti, mentre gli omini stranieri lo sollazzavano[8] (o lo mettevano sulle spine),[9] guai a chiamarlo al telefono. D'altronde essendo tutti gli uomini della Terra davanti alla Partita, nessuno gli telefonava, salvo una sua sorella da Ferrara.

"C'è tua sorella da Ferrara"[10] dissi socchiudendo la porta della gabbia e incrociando il suo sguardo feroce.

"Via!" urlò.

"C'è tua sorella dall'Australia" provai a dirgli.

Per partite normali, domenicali, mi avrebbe pregato di dire a sua sorella di ritelefonargli dall'Australia fra due ore o durante l'Intervallo. Ma i Campionati Mondiali erano troppo importanti.

Luisella Fiumi, *Cambia che ti passa*, Mondadori, 1976.

6. **si inalberò**: si irritò.
7. **a fare tutt'uno... poltrona**: non si sarebbe alzato dalla poltrona.
8. **lo sollazzavano**: lo divertivano.
9. **lo mettevano sulle spine**: lo tenevano in ansia.
10. **Ferrara**: città dell'Emilia, capoluogo di provincia.

Per comprendere il testo

1. Campionati Mondiali: cosa fanno i mariti ogni sera?
2. Come si organizzano le loro mogli?
3. Tutti i "maschi" del testo reagiscono nello stesso modo quando i calciatori marcano un goal?
4. A che momento della giornata Luisella e consorte possono parlare?
5. L'eliminazione dell'Italia dai Mondiali (1974) modifica le serate del protagonista?
6. Perché continua a restare incollato davanti al video?
7. C'è qualcosa che riesca a scuoterlo da questa idea fissa?

Per conversare

1. Che senso vuol dare la scrittrice alla parola "gabbia"?

2. Mettete in rilievo l'umorismo del testo e la parte di verità che contiene.

3. Che cosa pensate del gioco del calcio?

4. Perché, secondo voi, gli italiani, e non solo loro, vanno pazzi per questo sport?

5. In occasione dei Mondiali, reagite come la scrittrice o come il marito?

6. Siete, o conoscete, donne tifose?

Per capire la lingua

1. **Sostituite ai puntini le espressioni che seguono** (appaiono tutte nel testo):
   fitto fitto — meno male! — guai — fare tutt'uno.

1. Il cavaliere .... con il suo purosangue.

2. I due innamorati parlavano .... davanti alla porta.

3. La partita è finita ...., così possiamo parlare un po'.

4. .... a te se rincasi ancora così tardi.

5. Il Bosi .... con la poltrona.

2. **C'è spina e spina... Spiegate il significato delle espressioni in nero.**

1. I giocatori stranieri lo **mettevano sulle spine**.
2. Quando prendi il motorino mamma **sta sulle spine**: ha sempre paura di un incidente.
3. Mi hai **tolto una spina** dal cuore.
4. Vorrei una birra **alla spina**.
5. Questo pesce è pieno **di spine**.
6. Ho comprato un tessuto a **spina di pesce**.
7. **Non c'è rosa senza spine** (proverbio).

3. **Componete delle frasi con le seguenti espressioni:**

— ma come!   — meno male!   — anzi
— purtroppo   — m'importa meno   — guai a
— m'interesso   — macché

Squadra paesana

Anch'io tra i molti vi saluto, rosso
alabardati,[1] sputati[2]
dalla terra natia, da tutto un popolo
amati.

Trepido[3] seguo il vostro gioco.
                                Ignari
esprimete con quello antiche cose
meravigliose sopra il verde tappeto,[4] all'aria, ai chiari
soli d'inverno.

Le angosce,
che imbiancano i capelli all'improvviso,
sono da voi sì lontane! La gloria
vi dà un sorriso
fugace:[5] il meglio onde[6] disponga. Abbracci
corrono tra di voi, gesti giulivi.[7]
Giovani siete, per la madre vivi;[8]
vi porta il vento a sua difesa. V'ama
anche per questo il poeta, dagli altri
diversamente — ugualmente commosso.

Umberto Saba, *Canzoniere* (1921), Einaudi, 1980.

1. **alabardati**: il poeta è triestino e i giocatori della squadra
   di calcio di Trieste (la *Triestina*) hanno sulle maglie l'alabarda, l'emblema della città (l'alabarda è un'antica arma
   bianca).
2. **sputati**: qui, venuti fuori. Il poeta vuol dire che i giocatori
   sono tutti nati nella zona di Trieste.
3. **Trepido**: pieno di ansia.
4. **verde tappeto**: il terreno erboso dello stadio di calcio.
5. **fugace**: di breve durata.
6. **onde**: di cui.
7. **giulivi**: allegri.
8. **per la madre vivi**: la madre, qui, è la città.

Un'ora di "jogging" ogni mattina

Tutte le mattine prima dell'ora dei miei corsi io faccio un'ora di jogging, cioè mi metto la tuta olimpionica[1] ed esco a correre perché sento il bisogno di muovermi, perché i medici me l'hanno ordinato per combattere l'obesità che mi opprime, e anche per sfogare un po' i nervi.[2] In questo posto durante la giornata se non si va al campus, in biblioteca, o a sentire i corsi dei colleghi o alla caffetteria dell'università non si sa dove andare; quindi l'unica cosa da fare è mettersi a correre in lungo e in largo sulla collina, tra gli aceri[3] e i salici,[4] come fanno molti studenti e anche molti colleghi. Ci incrociamo sui sentieri fruscianti[5] di foglie e qualche volta ci diciamo: "Hi!", qualche volta niente perché dobbiamo risparmiare il fiato. Anche questo è un vantaggio del correre rispetto agli altri sport: ognuno va per conto suo e non ha da rendere conto agli altri.

Italo Calvino, *Se una notte d'inverno un viaggiatore*, Einaudi, 1979.

1. **tuta olimpionica**: tenuta sportiva.
2. **sfogare... i nervi**: con la corsa, i nervi si calmano.
3. **aceri**: alberi d'alto fusto con tronco diritto, corteccia liscia, legno bianco.
4. **salici**: alberi con rami flessibili, con foglie dal caratteristico colore verde-grigio (esiste anche il salice piangente).
5. **fruscianti**: voce onomatopeica che indica il rumore delle foglie mosse dal vento.

Per comprendere il testo

1. Il narratore va spesso a correre?
2. A che ora del giorno?
3. Com'è vestito quando corre?
4. È solo sulla collina?
5. Quali sono i motivi che lo spingono a fare jogging?

Per conversare

1. Attraverso gli elementi forniti dal testo potreste indovinare il mestiere del narratore?

2. Nel posto in cui si trova ci sono molte distrazioni?

3. Piacciono a quest'uomo gli sport collettivi?

4. Citate la frase del passaggio che fornisce la risposta a questa domanda.

5. Fate anche voi un po' di jogging? spesso? perché?

6. Per motivi estetici, di salute, di distrazione?

7. Per obbedire alla "moda"?

8. Quali sport praticate regolarmente?

9. Parlate dello sport che preferite.

Per capire la lingua

1. **Trasformate le frasi seguenti dal presente al passato remoto secondo il modello:**
   Faccio un'ora di jogging / *Feci* un'ora di jogging.

   1. Mi **metto** la tuta olimpionica.
   2. **Sento** il bisogno di correre.
   3. Si **va** al campus.
   4. Non **sa** dove andare.
   5. Molti studenti lo **fanno**.
   6. Ci **diciamo** "Ciao".
   7. **Dobbiamo** risparmiare il fiato.
   8. **È** un gran vantaggio.
   9. **Avete** voglia di correre.
   10. **Corrono** ogni mattina.

2. **Cambiando una sola lettera formate dieci parole differenti secondo le definizioni.** La parola numero 1 sarà "tutto".

   1. tutto
   2. uno dei cinque sensi
   3. ha perso l'uso della ragione
   4. felino domestico
   5. avvenimento
   6. topo di fogna... rapido
   7. giusto, leale
   8. pulito, nitido
   9. ci si dorme
   10. permette di vincere un terno

3. **Mettete al passato tutto il brano:**
   "Tutte le mattine ... facevo ... In quel posto ... se non si andava...".

Pescare non è un hobby, è una malattia

Pescare non è un hobby, è una malattia. Il vero pescatore si riconosce da come racconta. Se mentre descrive un luccio[1] di sei etti si esalta, allarga le braccia e salta per tutta la stanza, non è un vero pescatore. Ma se balbetta per la commozione, una lacrima gli scende dall'occhio e un bigattino[2] gli sale lungo la manica, ecco il nostro uomo. I veri pescatori sono soli con la loro malattia, come i cinesi con la pipa d'oppio. Il loro colore è un rosso febbrile, dovuto all'esposizione al sole d'acqua dolce, e rilucente di squame di cavedano[3] accumulate con gli anni. Tra di loro comunicano con il rituale preciso e silenzioso. Odiano il rumore, nemico dei pesci, e se vi avvicinate con passo pesante al bancone del bar si voltano e dicono "piano, che mi fai scappare il cappuccino".[4] In famiglia sono affettuosi, ma di passaggio. Il loro cuore è altrove. Le mogli dei pescatori sono mute eroine che sopportano pazientemente carpe[5] gigantesche nel bidet, invasioni di vermi in tinello e tonnellate di pesce che nessuno mangia, stipate[6] nei frigoriferi come nelle baleniere norvegesi.
I figli dei pescatori hanno del loro genitore immagini fuggenti, due stivali verdi e gocciolanti che si allontanano nella notte. Sul tema in classe scrivono "Io sono orfano. Mio papà fa il pescatore". Poi, a dieci anni, l'ereditarietà della malattia li colpisce inesorabilmente. La madre, disperata, li vede consultare le prime cartine idrogeografiche mentre tutti i bambini

1. **luccio**: pesce d'acqua dolce, carnivoro vorace.
2. **bigattino**: piccolo verme che serve da esca per i pesci.
3. **cavedano**: pesce d'acqua dolce, commestibile ma poco pregiato.
4. **cappuccino**: caffè con poco latte.
5. **carpa**: pesce d'acqua dolce; può raggiungere anche i 15/20 chilogrammi.
6. **stipate**: ammassate.

normali leggono "Playboy". Vanno di nascosto ai giardini pubblici e catturano pesci rossi. Finché, una notte, la madre li vede salire sulla seicento[7] paterna. Hanno anche loro due stivalini verdi, un berretto, una canna e un mulinello.[8] Mentre la madre li saluta sulla soglia col fazzoletto, nota nel loro sguardo la stessa espressione di distacco dalle cose terrene che è del padre. È nato un pescatore.

Stefano Benni, *Bar Sport*, Mondadori, 1976.

7. **seicento**: piccola automobile FIAT degli anni cinquanta.
8. **mulinello**: si applica alla canna da pesca e consiste in una bobina attorno alla quale si avvolge il filo di nailon (lenza) alla cui estremità si attacca l'amo.

Per comprendere il testo

1. Come dimostra lo scrittore che pescare è una vera malattia?
2. In che modo i veri pescatori descrivono un luccio di sei etti?
3. Cosa odiano e perché?
4. Come si vede che anche al bar pensano sempre e solo ai pesci?
5. Sono buoni padri?
6. Buoni mariti?
7. In che consiste l'eroismo delle mogli dei pescatori?
8. A che età i figli cominciano ad essere colpiti dalla malattia paterna?
9. Quali sono i primi segni della passione nascente?

Per conversare

1. Fate il ritratto del pescatore-padre e del pescatore-figlio servendovi degli elementi forniti dal testo.
2. Cosa c'è di caricaturale in questo brano?
3. E cosa c'è di vero?
4. Esprimete le vostre idee sui passatempi che diventano passioni esclusive.
5. Avete un hobby in particolare?
6. Parlatene.

Per capire la lingua

1. Pesce d'acqua dolce o d'acqua salata? Informatevi e rispondete:

acciuga, anguilla, aringa, barbio, dentice, cefalo, lampreda, merluzzo, pescecane, nasello, orata, persico, razza, rombo, salmone, sardella, sardina, sgombro, sogliola, squalo, storione, tinca, tonno, triglia, trota.

2. Spiegate, con l'aiuto del dizionario, le espressioni in nero servendovi del contesto.

1. Al suo arrivo a Milano, Rocco si sentiva come **un pesce fuor d'acqua** e rimpiangeva il suo villaggio natio.
2. Sono **sano come un pesce** e non ho mai comprato una medicina in vita mia.
3. Un adolescente, spesso, **non è né carne né pesce.**
4. Carlo è in una situazione molto difficile e **non sa che pesci pigliare.**
5. Affamato com'era si è **buttato a pesce** sulla pastasciutta e l'ha finita in un batter d'occhio.
6. **Chi dorme non piglia pesci** (proverbio).
7. **I pesci grossi mangiano i piccini** (proverbio).

3. Componete delle frasi con le seguenti espressioni:

— riconoscere uno da
— rilucere di
— avvicinarsi a
— allontanarsi in
— andare a
— stipare in

Il golf, che passione!

Il narratore accompagna un amico su un terreno da golf. In un primo tempo si diverte guardando l'amico che si dibatte senza successo con la pallina. Poi si annoia e si mette a giocare anche lui.

Ben presto io mi stancai di ridere e, tanto per far qualcosa, mi feci prestare una mazza: ce ne sono nove con la testa in ferro, di numero crescente quanto più curva deve riuscire la traiettoria, tre in legno per i colpi lunghi e il cosiddetto "putter"[1] per spingere la palla, sulla levigatissima piazzola[2] d'arrivo, a infilarsi nella buca propriamente detta. Mi feci, dunque, prestare una mazza, mi informai pressappoco come impugnarla, l'alzai per aria, la vibrai con impeto e la infissi[3] per buoni dieci centimetri nel terreno, dove restò infossata, mentre la pallina, mossa soltanto dal pauroso spostamento d'aria, procedeva in avanti per non più di mezzo metro. L'amico mi guardò e non rise.

Non potevo decentemente metterla via così.[4] Tentai un secondo colpo. Non sfiorai neanche una palla. Un terzo, un quarto. Finalmente, al quinto, per uno di quei miracoli che il malizioso dio del golf si compiace di concedere anche ai paria,[5] la paletta della mazza batté in pieno, si udì un bel "tac" di timbro metallico e la bianca sfera volò via, fischiando, diritta come una schioppettata,[6] per almeno centoventi metri.

Misteri della natura umana. Mi invase una gioia inesprimibile e selvaggia. E benché il portabastoni mi guardasse con compatimento — lui sapeva benissimo che quello era un caso — per un istante pensai di

1. **"putter"**: dal verbo inglese "to put" (mettere): la mossa per "mettere" in buca e anche colui che usa la mossa.
2. **piazzola**: diminutivo di piazza, piccola zona di terreno piatto.
3. **la infissi**: la feci penetrare con forza (passato remoto di "infiggere").
4. **metterla via così**: lasciar perdere (sorvolare su) quel che era accaduto.
5. **paria**: miseri, incapaci (i paria appartengono alla casta più emarginata dell'India).
6. **schioppettata**: colpo di schioppo o fucile.

essere un predestinato,[7] una specie di genio nato col segreto del golf nelle vene. Era una illusione da bambini, senza dubbio. Eppure è proprio con queste astuzie che il golf riesce a stregare gli uomini, anche i più maldisposti e irriverenti, a farli schiavi.

Da quel giorno una irresistibile smania[8] si aggiunse a tutte le altre preoccupazioni della vita. Mi aggiravo per ore e ore sulle immacolate praterie all'inseguimento della riottosissima[9] pallina. Settimane passarono prima che io riuscissi a ripetere un colpo bello come quello che mi aveva conquistato. E capitavan giorni in cui la palla sembrava dotata di una propria individualità pensante e perfida, tanto i suoi movimenti contrastavano alle intenzioni mie. Allora mi imbestialivo,[10] sudavo, mi veniva la voglia di spaccare le mazze ad una ad una e per ultimo la testa del "caddy"[11] che mi seguiva con l'indifferenza più oltraggiosa.[12] Erano giornate nere. Eppure adesso, che ci ripenso a distanza di parecchi anni, mi accorgo che forse mai mi sono divertito tanto.

Dino Buzzati, *Giochi e sport*, E.R.I.

7. **predestinato**: designato dalla nascita.
8. **smania**: desiderio impaziente.
9. **riottosissima**: ribelle.
10. **mi imbestialivo**: mi arrabbiavo, mi irritavo furiosamente.
11. **caddy**: portabastone.
12. **oltraggiosa**: offensiva.

Per comprendere il testo

1. Perché l'autore, all'inizio del testo, si trova in un terreno di golf?
2. Quando chiede la mazza, ha l'intenzione di imparare a giocare?
3. Com'è il suo primo colpo?
4. Come mai decide di continuare?
5. Cosa succede al quinto colpo?
6. Quali conseguenze psicologiche ne derivano?
7. Impara a giocar bene?
8. Si appassiona al golf?
9. Gli capita di arrabbiarsi?
10. L'atteggiamento del portabastoni nei suoi riguardi è sempre lo stesso dall'inizio alla fine?
11. Nel ricordo, come sembrano a Dino Buzzati quelle giornate passate ad inseguire una pallina ribelle?

Per conversare

1. La palla è personificata: dove e perché?

2. Nella tua nazione il golf è uno sport popolare?

3. All'inizio del suo racconto Dino Buzzati dice che il golf è "un ridicolo gioco da vecchietti, il pretesto per fare una passeggiata spendendo un mucchio di quattrini, snobismo e basta". Che ne pensate?

Per capire la lingua

1. Coniugate i verbi fra parentesi al congiuntivo imperfetto.

1. Passarono settimane prima che io (riuscire).
2. Passò un mese prima che io (fare) un bel colpo.
3. L'amico non voleva che io (ridere) di lui.
4. Il ragazzo dei bastoni non era contento che io (giocare).
5. Credevo che il golf (essere) uno sport per vecchietti.
6. Non era necessario che la palla (infossarsi) nel terreno.
7. Pensavo che il mio amico non (avere) ragione.
8. Volevo che tutti (ammirare) i miei progressi.
9. Non occorreva che tu (dare) un colpo violento alla palla.
10. L'amico voleva che io (stare) fermo ad aspettarlo.

2. Componete delle frasi con le seguenti espressioni:

— stancarsi di — spingere a — pensare di
— concedere a — riuscire a — compiacersi di

3. Parecchi dei verbi contenuti nel brano hanno delle irregolarità nella coniugazione. Sapreste dire il presente, il futuro e il passato remoto dei seguenti? Stancare, ridere, fare, spingere, potere, battere, udire, invadere, sapere, riuscire, venire, spaccare, seguire, accorgersi.

4. Le parole di ogni riga, tutte di quattro lettere, sono concatenate. Nella colonna centrale apparirà il nome di uno sport.

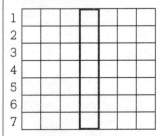

3. Incursione aerea - Cinque in una mano.

4. Si possono sollevare - Pieno di punte.

5. Granturco - In buona salute.

6. Federazione Impiegati e Operai Metallurgici - C'è la destra e la sinistra.

1. Opere Pubbliche - La città della torre pendente.

2. Sport a cavallo - Mostro delle favole.

7. Uomo piccolissimo - Può essere bianco, nero o bruno.

Una recita eccezionale

Carlo Levi, condannato dal regime fascista a due anni di confino in Lucania (1935) aspetta con ansia la serata della recita che viene a interrompere la monotonia della sua vita di "confinato".

Venne finalmente la serata della recita. Aveva cessato di piovere, le stelle brillavano mentre mi avviavo verso il fondo del paese. Non esistevano sale o saloni che potessero servire di teatro: si era scelto una specie di cantina o di grotta seminterrata,[1] e ci avevano portato delle panche, dalla scuola, sul pavimento di terra battuta. In fondo, avevano costruito un piccolo palco, chiuso da un vecchio sipario. Lo stanzone era pieno zeppo di contadini, che aspettavano con meraviglia l'inizio della rappresentazione. Si recitava *La Fiaccola sotto il Moggio*,[2] di Gabriele d'Annunzio. Naturalmente, mi aspettavo una gran noia da questo dramma retorico, recitato da attori inesperti, e aspettavo il piacere della serata soltanto dal suo carattere di distrazione e di novità. Ma le cose andarono diversamente. Quelle donne divine, dai grandi occhi vuoti e dai gesti pieni di una passione fissata e immobile, come le statue, recitavano superbamente; e, su quel palco largo quattro passi, sembravano gigantesche. Tutta la retorica della tragedia svaniva, e rimaneva quello che avrebbe dovuto essere, e non era, l'opera di d'Annunzio, una feroce vicenda[3] di passioni ferme, nel mondo senza tempo della terra. Mi accorsi subito che questa sorta di purificazione era dovuta, più ancora che alle attrici, al pubblico. I contadini partecipavano alla vicenda con interesse vivissimo. I paesi, i fiumi, i monti di cui si parlava, non erano lontani di

1. **seminterrata**: in parte al di sotto del livello stradale.
2. ***La Fiaccola sotto il Moggio***: di Gabriele d'Annunzio, romanziere, poeta e drammaturgo abruzzese (1863-1938). È una tragedia in versi, di quattro atti, con vendette, suicidi, omicidi. Un "dramma retorico", come dice Levi, il cui titolo ricalca l'espressione figurata "mettere la fiaccola sotto il moggio" (recipiente per misurare granaglie), cioè nascondere una verità, una virtù.
3. **vicenda**: successione.

qui.[4] Così li conoscevano, erano delle terre come la loro e davano in esclamazioni di consenso sentendo quei nomi. Gli spiriti e i demoni che passano nella tragedia, e che si sentono dietro le vicende,[5] erano gli stessi spiriti e demoni che abitano queste grotte e queste argille. Tutto diventava naturale, veniva riportato dal pubblico alla sua vera atmosfera, che è il mondo chiuso, disperato e senza espressione dei contadini. Sotto quell'onda di inutili parole, riappariva, per i contadini, la Morte vera e il Destino.

Carlo Levi, *Cristo si è fermato a Eboli* (1945), Einaudi, 1983.

4. **non erano lontani di qui**: siamo in Lucania e la tragedia si svolge negli Abruzzi (cfr. carta d'Italia).
5. **vicende**: avvenimenti narrati nella tragedia.

Per comprendere il testo

1. Che significato assume il "finalmente" all'inizio del testo?
2. Descrivete il teatro improvvisato e dite perché i contadini aspettano con meraviglia l'inizio della rappresentazione.
3. Cosa rimprovera Carlo Levi a *La Fiaccola sotto il Moggio* di Gabriele d'Annunzio?
4. Perché, nonostante la sua poca simpatia per questo drammone verboso, resta sconvolto dalla recita?
5. Cosa dice sulle attrici?
6. Come si spiega l'interesse vivissimo del pubblico contadino?
7. In che modo si manifesta? ·
8. Chi sono, per Carlo Levi, i protagonisti "reali" de *La fiaccola sotto il moggio*?

Per conversare

1. Andate spesso a teatro?

2. Quali spettacoli vi interessano maggiormente?

3. Conoscete i principali teatri di prosa italiani?

4. Quali sono, in Italia, i registi teatrali di fama internazionale? Fra i drammaturghi italiani, quali nomi di oggi e di ieri vi sono familiari?

Per capire la lingua

1. Mettete le frasi seguenti al passato prossimo, facendo ben attenzione agli ausiliari.

(Es.: Mi *avvio* verso il paese; mi *sono avviato* verso il paese.)

1. Carlo Levi **va** a vedere la recita.

2. **Si sceglie** una specie di cantina.

3. **Si costruisce** un piccolo palco.

4. **Smettiamo** di ascoltare gli attori inesperti.

5. Mi **aspetto** una gran noia da questo dramma.

6. Le cose **vanno** diversamente.

7. Le donne **recitano** superbamente.

8. **Rimane** solo il succo del dramma.

9. Mi **accorgo** subito di questa purificazione.

10. Sotto le parole vuote **riappare** il Destino.

2. Spiegate i termini seguenti che indicano le varie parti di un teatro:

barcaccia, camerino, ridotto, galleria,
loggione (piccionaia), orchestra, palco, palchetto,
palcoscenico, platea, quinte, scena, sipario (telone).

3. Completate le frasi secondo l'esempio:

Non esistono sale o saloni che possano servire come teatro / Non esistevano sale o saloni che potessero servire come teatro.

1. Avevano costruito un piccolo palco che (poter essere chiuso) da un vecchio sipario.

   Hanno costruito un ....

   ....

2. Cercano contadine che (saper recitare) superbamente.

   Cercavano ....

   ....

3. Non mi aspettavo che i contadini (partecipare) alla vicenda con interesse.

   Non mi aspetto che i ....

   ....

Musica

Forse è soltanto un po' più in là
la strada giusta per andare,
dammi la mano per trovare
la terra dove non è freddo mai
e musica
e sempre musica
e ovunque musica
larghi campi di fragole
ed il tempo di ridere...

Ed è soltanto un po' più in là
dammi la mano, voglio andare
e poi fermarmi a respirare
quel vento caldo che c'è là
e musica
e sempre musica
e ovunque musica
e su di noi le nuvole
non si fermano mai...

È forse un po' più in là
soltanto un po' più in là
la terra da trovare
è solo un po' più in là...
è il tempo di guardare
le nuvole passare
e là non è freddo mai.

Angelo Branduardi, Edizioni Musicali Musiza, Roma.

Viva Verdi

Sono nata e vissuta in una famiglia di avvocati. Mio nonno e mio padre erano avvocati; a mia volta ho sposato un avvocato. Notate: avvocati penalisti.[1] Così sono cresciuta tra le passioni o meglio tra le conseguenze delle passioni: delitti, violenze, intrighi, dolori, amori e odi. Sono una donna pratica, priva di immaginazione, fredda e padrona di sé, forse per polemica con mio nonno, mio padre e mio marito i quali, avvocati un po' all'antica, mostravano di considerare l'animo umano come un vulcano in perpetua eruzione. Ma doveva esserci anche in me il baco[2] della passionalità, seppure[3] nascosta; se non altro lo dimostrava il mio entusiasmo per l'opera e in particolare per l'opera di Verdi.[4] Sono andata all'opera tutta la vita e sicuramente non ho perduto una sola opera di Verdi. Da bambina e da signorina ho frequentato l'opera con mio nonno e mio padre che ci andavano per convenienza sociale; poi con mio marito che ci andava per far piacere a me. Sempre pronti nelle loro arringhe[5] in tribunale a spiegare tutto con le passioni, mio nonno, mio padre e mio marito non apprezzavano affatto queste medesime passioni a teatro. Tutti e tre, per lo più,[6] li ho visti dormire durante le rappresentazioni. Io, intanto, il binocolo agli occhi e le orecchie tese, seguivo rapita il tumulto eroico che si scatenava sulla scena.

1. **avvocati penalisti**: specializzati in cause penali: difesa di criminali, assassini ecc.
2. **baco**: il germe, il seme.
3. **seppure**: anche se.
4. **Verdi**: Giuseppe Verdi, celebre compositore italiano (1813-1901). Autore di opere drammatiche quali il *Trovatore*, la *Traviata*, l'*Aida, Rigoletto, Otello, Ernani, La forza del destino* ecc.
5. **arringhe**: discorsi in difesa dell'accusato che un avvocato fa davanti al tribunale.
6. **per lo più**: il più delle volte.

Poi mio marito è morto e ho continuato ad andare all'opera con mio figlio Gildo. Per darvi un'idea di che cosa fosse l'opera per me, vi basti dire che ho chiamato mio figlio con quel nome in omaggio al *Rigoletto*,[7] l'opera verdiana che preferisco. Veramente avrei voluto chiamarlo col nome del Duca di Mantova di cui, credetelo o no, sono stata realmente, veracemente[8] innamorata per anni. Ma quel meraviglioso personaggio, come potrà accertarsi chiunque andando a leggere il libretto, non ha nome: si chiama Duca di Mantova e basta. Così ho ripiegato sulla figlia[9] di Rigoletto e ho dato a mio figlio il nome di Gildo.

Alberto Moravia, *Il Paradiso* (1970), Bompiani, 1976.

7. **Rigoletto**: opera di Verdi, del 1853. L'azione si svolge a Mantova nel secolo XVI. Rigoletto è il buffone del Duca di Mantova. Quest'ultimo, impenitente Don Giovanni, gli insidia la figlia Gilda, fanciulla dolce e pura. Disperato, Rigoletto vuol fare uccidere il Duca ma per un tragico equivoco sarà Gilda che morirà al suo posto.
8. **veracemente**: veramente.
9. **ho ripiegato sulla figlia...**: in mancanza di meglio, ho scelto il nome della figlia di Rigoletto.

Per comprendere il testo

1. Cosa dice della sua famiglia la donna che parla?
2. Che rapporto c'è fra il mondo delle passioni e la professione dei suoi familiari?
3. In che modo la protagonista parla di se stessa?
4. Come spiega il suo entusiasmo per l'opera di Verdi?
5. E, al contrario, la mancanza di entusiasmo del marito e dei genitori?
6. Va molto all'Opera questa donna?
7. Con chi?
8. Come si chiama suo figlio e perché?

Per conversare

1. Quali opere di Verdi conoscete?

2. Come potreste spiegare la popolarità di questo compositore nel mondo intero?

3. Avete mai ascoltato brani del *Rigoletto* o di altre opere di Verdi?

4. Quali altri compositori italiani vi sono familiari?

5. Perché, a parer vostro, in Italia come altrove, molta gente va pazza per "il bel canto"?

6. Si può andare all'Opera, come dice la donna del testo, "per convenienza sociale"? In che senso?

Per capire la lingua

1. Mettete i verbi in nero al passato prossimo.

1. **Nacqui** a Roma nel 1940.

2. Vissi d'arte, **vissi** d'amore (dalla *Tosca* di Puccini).

3. **Andai** alla "Fenice" di Venezia due anni fa.

4. Lo spettacolo mi **piacque** molto.

5. **Decisi** di andare di nuovo all'Opera.

6. **Feci** ascoltare *Rigoletto* a mio figlio.

7. **Chiamai** Gildo e **scesi** in strada con lui.

8. Mi **misi** al volante e **guidai** fino all'Opera.

9. Non **potei** fare a meno di commuovermi.

10. **Piansi** di dolore dinanzi alla morte di Gilda.

2. Riservato a chi conosce l'opera: date ad ogni opera il suo autore.

1. Rigoletto	A. Catalani	
2. Bohème	B. Cherubini	
3. Norma	C. Verdi	
4. Lucia di Lammermoor	D. Bellini	
5. Cavalleria rusticana	E. Mozart	
6. Wally	F. Rossini	
7. Medea	G. Donizetti	
8. Il flauto magico	H. Wagner	
9. Il Barbiere di Siviglia	I. Mascagni	
10. Lohengrin	L. Puccini	

1	C
2	
3	
4	
5	
6	
7	
8	
9	
10	

3. Ed ora ad ogni opera il suo personaggio.

1. Don Giovanni	A. Mimì	
2. Barbiere di Siviglia	B. Floria	
3. Trovatore	C. Amneris	
4. Madame Butterfly	D. Violetta	
5. Tosca	E. Santuzza	
6. Rigoletto	F. Gilda	
7. Bohème	G. Rosina	
8. Aida	H. Leonora	
9. Traviata	I. Cio-Cio-San	
10. Cavalleria rusticana	L. Leporello	

1	
2	
3	
4	
5	
6	F
7	
8	
9	
10	

La donna è mobile

DUCA DI MANTOVA:

La donna è mobile[1]
Qual piuma al vento,
Muta d'accento
E di pensiero.[2]

Sempre un amabile
leggiadro[3] viso,
In pianto o riso
È mensognero.[4]

È sempre misero
Chi a lei s'affida,
Chi le confida,
Mal cauto[5] il core!

Pur mai non sentesi
Felice appieno
Chi su quel seno
Non liba amore![6]

Giuseppe Verdi, *Rigoletto*, Atto III, scena seconda,
libretto di Francesco Maria Piave.

1. **mobile**: mutevole, volubile.
2. **Muta... pensiero**: cambia espressione di voce e anche quel che pensa.
3. **leggiadro**: bello, grazioso.
4. **È mensognero**: (o menzognero) non dice la verità.
5. **Mal cauto**: imprudente, incauto.
6. **Pur mai... amore**: tuttavia non si sente mai totalmente felice colui che non beve l'amore su un seno femminile.

L'obbligo scade
nel mese di agosto

L'obbligo scade[1] nel mese di agosto. Uno degli obblighi più imperativi, perché in esso c'è una componente[2] di prestigio e dunque irresistibile: l'obbligo di andare in vacanza.

Da esso deriva, per solito, una quantità di obblighi sussidiari:[3] abbronzarsi, divertirsi, ballare, avere almeno un flirt, conoscere gente importante o utile, vedere personaggi famosi, visitare il maggior numero di località, mangiare una grande quantità di specialità in ristoranti rinomati, portare a casa ricordi dall'estero, mascherare il proprio stato in modo da farsi credere ricchi e autorevoli. Senza dire che quasi mai si parte per le vacanze per riposare, come vorrebbe la logica, bensì[4] per mille altre ragioni futili o frivole, quali mostrarsi, poter raccontare di esserci andati, snobismo, spirito di avventura, desiderio di evasione, convenienza di relazioni, tentativo di vincere frustrazioni, desiderio di novità, noia.

Occorre insistere sul concetto di obbligo. In vacanza si deve andare. La vacanza non è più un'eventualità, ma un'abitudine acquisita e condizionante. La vita dell'uomo moderno, senza le vacanze, cambierebbe, non sarebbe più la stessa; ma proprio le vacanze, che dovrebbero servire a cambiarla, contribuiscono in modo determinante a mantenerla perennemente[5] uguale e prevedibile. Viviamo prigionieri della nostra libertà...

Il contagio è invincibile. Si va in vacanza soprattutto perché ci vanno gli altri, spinti dai mass media, sensibilissimi alla funzione di status symbol assunta da quei venti giorni al mare o in giro per il mondo. Ne

1. **scade**: termina.
2. **una componente**: una parte.
3. **sussidiari**: complementari.
4. **bensì**: ma, piuttosto.
5. **perennemente**: sempre.

deriva un impegno psicofisico imponente, ma cosa importa? Chi ne tiene conto? Quei venti giorni rappresentano la rivalsa[6] su undici mesi e più di routine, di noia, di sopraffazioni,[7] di umiliazioni, di sconfitte, anche di successi pagati cari. La vacanza viene intraveduta come un'occasione unica di recupero della propria vera personalità, una possibilità per mostrare (specie a se stessi) chi si sia veramente. Allora, niente dormire perché il tempo del sonno è sottratto alla gioia e allo svago, cioè tempo perduto. Niente misura, in niente, perché si deve fare ogni cosa al massimo e in fretta, e non lasciarne nessuna: viaggiare di continuo senza sostare, perché è necessario percorrere molti chilometri, anche se non si vede nulla, dopo ci sarà un altro anno di noia e di stasi:[8] e tanto sole, tanto mare, tanto verde, tanto cibo, tanto amore, tanto whisky, tanto sport, tanto tutto. Al ritorno ci attende la grigia città e cosa conta se quesfo "tanto" e questo "tutto" sono, oltreché alienanti, una strada aperta per l'infarto?

Silvio Bertoldi, *I nuovi italiani*, Rizzoli, 1972.

6. **rivalsa**: rivincita.
7. **sopraffazioni**: cose imposte contro la volontà, soprusi.
8. **stasi**: immobilità.

Per comprendere il testo

1. Qual è l'obbligo che scade in agosto?
2. Quali sono gli obblighi sussidiari?
3. Per quali motivi si va in vacanza?
4. Come sarebbe la vita dell'uomo moderno senza le vacanze?
5. Le vacanze quindi cambiano la vita dell'uomo moderno?
6. Che cosa rappresentano venti giorni di vacanza?
7. Come bisogna passare le vacanze?
8. Quali sono le cose di cui bisogna tanto godere?
9. Che cosa ci attende al ritorno dalle vacanze?

Per conversare

1. Parlando delle vacanze, l'autore insiste a lungo sul concetto di "obbligo": siete d'accordo con lui?

2. Commentate la frase: "viviamo prigionieri della nostra libertà".

3. È vero che si va in vacanza soprattutto perché ci vanno gli altri?

4. In che senso l'uomo può ricuperare in vacanza la sua "vera personalità"?

5. Vi riconoscete nel villeggiante frenetico e smanioso dipinto da Silvio Bertoldi?

6. Cosa intendete voi per "vacanze"?

7. Dove preferite trascorrerle, al mare, in montagna, in campagna, alla scoperta del vostro paese, all'estero?

8. Quali sono i piaceri e gli inconvenienti del campeggio?

9. Avete mai passato le vacanze in città? Perché?

10. Spendete molto durante le ferie? Per che cosa soprattutto?

11. Vi piace programmare le vacanze o vi affidate all'improvvisazione?

12. Quali sono i luoghi di villeggiatura italiani più noti nel vostro paese?

Per capire la lingua

1. Formulate le domande di cui le frasi seguenti sono le risposte.

1. L'obbligo scade nel mese di agosto.
2. Vado a mangiare in una semplice pizzeria.
3. Vado in vacanza per non restare sola in città.
4. Dormo pochissimo perché ballo fino all'alba.
5. Nel mio paese le spiagge sono libere.
6. Posso praticare il nuoto e la pesca subacquea.
7. Sì, la montagna mi piace, ma solo con la neve.
8. Ho quattro settimane di ferie all'anno.
9. Spendo all'incirca 30 000 lire al giorno.
10. Se potessi, passerei le vacanze in un'isola deserta.

2. Inserite nello schema sette parole corrispondenti alle definizioni. Nella colonna centrale si leggerà il nome di una stazione climatica estiva e invernale.

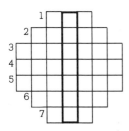

2. Contrario di pieno.
3. Fa da testimonio in un duello.
4. Che ha il colore della scorza della castagna.
5. Strumentista che esegue da solo un brano musicale.
6. C'è il Bianco e il Rosa.
7. Ci si beve il caffè.

1. Rimanda il suono delle parole.

3. Mettete all'imperativo singolare (tu) e plurale (voi) la parte del brano che va da "abbronzarsi" a "autorevoli". (Es.: Abbronzarsi: abbronzati, abbronzatevi.)

4. Trasformate la stessa parte del brano citata all'esercizio 3 con il "si" passivante. [Es.: (In vacanza) ci si abbronza, ci si...]

Schede biografiche

Notizie biobibliografiche essenziali sulla vita e le opere dei maggiori autori presenti nell'antologia.

B

Stefano Benni È nato a Bologna nel 1947. Giornalista televisivo, collabora anche a diversi periodici: in particolare è umorista su "Il manifesto" e tiene una rubrica su "Panorama". Ha pubblicato i libri umoristici *Bar sport* e *La tribù di Moro Seduto*.

Silvio Bertoldi Veneto (1920), vivente. Giornalista, autore di biografie di personaggi della storia italiana recente e di un romanzo: *Un altro sapore*.

Attilio Bertolucci È nato a San Lazzaro in Emilia-Romagna nel 1911. La sua poesia è particolarmente legata al paesaggio padano, visto come centro di affetti e di ricordi. Ha pubblicato varie raccolte di versi, tra cui *Fuochi in novembre*, *La capanna indiana*, *Viaggio d'inverno*.

Enzo Biagi Nato nel 1920 a Lizzano in Belvedere (Bologna), giornalista, direttore di quotidiani e periodici, conduttore di trasmissioni televisive. Ha pubblicato numerosi libri frutto delle sue esperienze come inviato speciale in tutto il mondo, tra cui *1935 e dintorni*, *Il buon paese*, *Gli americani*, *Russi*, *Mille camere*. È autore anche di una *Storia d'Italia* a fumetti e di un romanzo, *Disonora il padre*.

Angelo Branduardi Cantautore, nato in Lombardia ma cresciuto a Genova. Di formazione classica (ha studiato violino al Conservatorio) predilige la musica rinascimentale e barocca, di cui si sentono gli echi nelle sue canzoni dal tono favolistico.

Dino Buzzati È nato nel Veneto, a Belluno, nel 1906. Deve la sua fama di scrittore al romanzo *Il deserto dei tartari*, in cui pone l'accento sulla solitudine e l'infelicità della condizione umana.
Tra le sue opere più importanti ricordiamo *Barnabo delle montagne*, *Sessanta racconti*, *Un amore*, *Il colombre*, *Le notti difficili*. È stato giornalista e redattore del "Corriere della sera". È morto a Milano nel 1972.

C

Italo Calvino Nato a Cuba nel 1923 e morto a Siena nel 1985. Scrittore e pubblicista, è autore di tre romanzi brevi che sono considerati capolavori della letteratura fantastica: *Il visconte dimezzato, Il barone rampante, Il cavaliere inesistente*. In altre opere di successo (*La speculazione edilizia, La nuvola di smog, La giornata di uno scrutatore, Se una notte d'inverno un viaggiatore*) ha affrontato con ironia le contraddizioni della nostra società. Rientrano nella narrativa fantascientifica: *Ti con zero* e *Le cosmicomiche*. Calvino è inoltre autore di un libro per ragazzi: *Marcovaldo*. Ha raccolto in un volume le *Fiabe italiane* trascritte dai dialetti di tutte le regioni d'Italia.

D

Edmondo De Amicis Nato in Liguria, a Oneglia, nel 1846 e morto a Bordighera (Imperia) nel 1908. Giornalista e narratore, è autore di libri di ricordi e di viaggi, ma è soprattutto celebre per un libro d'intento educativo (*Cuore*), diario di un anno di scuola di un ragazzo di III elementare, dai toni fortemente sentimentali.

Fabrizio De Andrè Nato a Genova nel 1940, è un cantautore di grande successo. Le sue canzoni trattano i temi dell'amore e della morte con un linguaggio ora delicato e poetico, ora amaro ed ironico.

Luciano De Crescenzo Scrittore umoristico napoletano, è nato nel 1930. Giornalista, è autore di un libro di successo d'ambiente napoletano, *Così parlò Bellavista* e di un testo di divulgazione, *Storia della filosofia greca*.

Tommaso Di Ciaula Operaio pugliese. Il suo romanzo *Tuta blu* contiene le riflessioni di un metalmeccanico pugliese sui problemi sociali prodotti nel Meridione da una industrializzazione improvvisata.

F

Luisella Fiumi Nata a Milano nel 1924. È autrice di libri umoristici sul costume italiano: *Come donna zero, Cambia che ti passa, Madri e figlie*.

G

Brunella Gasperini Giornalista e scrittrice milanese, nata nel 1918, morta nel 1979. Ha redatto per venticinque anni la rubrica di colloqui con le lettrici per la rivista femminile "Annabella". Ha scritto romanzi, racconti, inchieste; i suoi libri di maggior successo (*Io e loro, Lui e noi, Noi e loro*) sono stati raccolti in un unico volume intitolato *Siamo in famiglia*.

Natalia Ginzburg Una delle più note scrittrici italiane, è nata a Palermo nel 1916, ma è di origine triestina. Tra le sue opere principali ricordiamo: *Tutti i nostri ieri, Le voci della sera, Le piccole virtù, Lessico famigliare, Mai devi domandarmi, Caro Michele*. Autrice anche di teatro (*Ti ho sposato per allegria e altre commedie*), ha scritto anche un saggio biografico *La famiglia Manzoni*.

Luca Goldoni Giornalista e scrittore satirico. Nato a Parma nel 1928, ha iniziato la sua carriera nel 1954, come cronista a "Il Resto del Carlino". In seguito è passato al "Corriere della Sera", dove cura una rubrica di corrispondenza con i lettori. Ha scritto libri di satira di costume: *Dal nostro inviato, Italia veniale, Il pesce a mezz'acqua*, alcuni dei quali hanno vinto dei premi letterari. Tra le sue opere più recenti: *È gradito l'abito scuro, Esclusi i presenti, Di' che ti mando io, Cioè, Lei m'insegna*.

J

Marina Jarre Nata a Riga in Lettonia, vive e lavora a Torino. Ha esordito con un volume per ragazzi *Il tramviere impazzito e altre storie* cui hanno fatto seguito: *Negli occhi di una ragazza, Un leggero accento straniero, Viaggio a Ninive, La principessa della luna vecchia*.

L

Carlo Levi Pittore e letterato torinese (1902-1975). Antifascista, nel 1935-36 è stato confinato in Lucania dove ha concepito e scritto *Cristo si è fermato a Eboli*, libro che lo ha reso celebre.
Tra le altre opere: *L'Orologio, Le parole sono pietre, Il futuro ha un cuore antico, Tutto il miele è finito*.

Lorenzo il Magnifico Fiorentino (1449-92) della famiglia de' Medici, signore di Firenze dal 1469. Mecenate e amante delle lettere, fu raffinato poeta. Tra le sue

opere ricordiamo le *Rime*, le due *Selve d'amore*, la *Caccia col falcone*, la *Nencia da Barberino* e soprattutto i *Canti carnascialeschi* di cui fa parte il suo capolavoro, il *Trionfo di Bacco e Arianna*.

M

Lucio Mastronardi Nato a Vigevano nel 1930, in una serie di romanzi ha descritto con toni fortemente satirici il piccolo mondo della sua città, Vigevano, una delle "capitali della scarpa" italiane. Opere principali: *Il maestro di Vigevano, Il calzolaio di Vigevano, Il meridionale di Vigevano, La ballata del vecchio calzolaio, A casa tua ridono*. È morto suicida nel 1979.

Elsa Morante È nata a Roma nel 1916. Si è imposta all'attenzione dei lettori di tutto il mondo con un affascinante romanzo tra il fantastico ed il reale, *Menzogna e sortilegio* e con *L'isola di Arturo*. Ha quindi pubblicato *La storia*, un romanzo ambientato durante l'ultima guerra che ha conosciuto un eccezionale successo. Altre opere: *Lo scialle andaluso, Il mondo salvato dai ragazzini, Aracoeli*.

Alberto Moravia Il suo vero nome è Alberto Pincherle Moravia (assume in arte il secondo cognome); è nato a Roma nel 1907. Saggista, giornalista, commediografo, narratore, è forse l'autore italiano vivente più noto all'estero e al grande pubblico. Si rivelò giovanissimo con il romanzo *Gli indifferenti*, un vasto affresco negativo sulla società borghese durante il fascismo. Tra le sue opere maggiori: *Le ambizioni sbagliate, Agostino, La romana, Il conformista, Racconti romani, La ciociara, Una cosa è una cosa.*

Pier Paolo Pasolini Nato a Bologna (1922) ma di origine friulana, è stato una delle personalità più vive e discusse della cultura italiana contemporanea per il suo impegno civile e politico. Fu agli inizi poeta lirico in lingua friulana con le *Poesie a Casarsa*, si impose poi all'attenzione della critica con *Ragazzi di vita* e *Una vita violenta*, romanzi ambientati nelle borgate romane. Importanti e significative anche le sue raccolte di poesie, fra le quali *Le ceneri di Gramsci, La religione del mio tempo, Poesia in forma di rosa*. È celebre anche come regista cinematografico (*Accattone, Mamma Roma, Il Vangelo secondo Matteo, Uccellacci e uccellini, Edipo Re, Teorema, Medea e Salò*). Lo scrittore fu ucciso nel 1975, in circostanze rimaste poco chiare.

Sandro Penna Poeta. È nato a Perugia nel 1906. La sua prima opera, *Poesie*, fu pubblicata nel 1938. Seguirono *Una strana gioia di vivere* e *Croce e delizia*, che raccolgono componimenti brevi ed intensi, di un'estrema perfezione formale. È morto a Roma nel 1977.

Renzo Pezzani Delicato poeta, giornalista e narratore, nato a Parma nel 1898, morto a Gassino Torinese nel 1951. Tra le sue molte opere, tutte caratterizzate da un profondo sentimento cristiano e dall'amore per gli umili e gli oppressi, ricordiamo le raccolte di versi *Ombre, La rondine sotto l'arco, Innocenza, Il cuore della casa* e le prose de *I racconti del coprifuoco, Corcontento, Credere*.

Francesco Maria Piave Veneziano (1810-76), letterato, autore di vari libretti d'opera per Giuseppe Verdi, tra cui i più celebri sono *Rigoletto* e *La Traviata*.

Vasco Pratolini Uno dei maggiori narratori italiani contemporanei, nato a Firenze nel 1913. Dall'osservazione della gente umile di certi quartieri fiorentini, è passato, in seguito, a temi più vasti e complessi. Con *Metello* ha affrontato il tema delle lotte di classe che hanno sconvolto la società italiana nell'ultimo trentennio del secolo scorso. *Lo scialo* è la storia interna della borghesia negli anni prima del conflitto mondiale; *Allegoria e derisione* è l'esame di coscienza di uno scrittore dei giorni nostri per il suo fallimento morale. Altre opere importanti sono: *Il quartiere, Cronache di poveri amanti, Cronaca familiare, Diario sentimentale, La costanza della ragione*.

Gianni Rodari Nato a Omegna (Novara) nel 1920, è considerato uno degli innovatori della letteratura infantile italiana. Autore acuto e divertente, sensibile ed attento ai problemi dei ragazzi, è caratterizzato da una ricca produzione di romanzi e racconti tra cui: *Le avventure di Cipollino, Favole al telefono, Filastrocche in cielo e in terra, Il libro degli errori, C'era due volte il barone Lamberto, Tante storie per giocare, Il gioco dei quattro cantoni, La torta in cielo.* È morto a Roma nel 1980.

S

Umberto Saba Insieme con Ungaretti e Montale è considerato tra i più grandi poeti italiani del Novecento. Nato a Trieste nel 1883 trascorse la sua vita nel capoluogo giuliano fino a quando le leggi speciali antisemite, promulgate dal fascismo, non lo costrinsero ad emigrare prima a Firenze poi a Roma. Morì a Gorizia nel 1957. Tutte le poesie di Saba confluirono nella raccolta del *Canzoniere*, pubblicato in diverse edizioni, tra gli anni venti e sessanta. È autore di un'interessante ed originale interpretazione della propria poesia: *Storia e cronistoria del Canzoniere*.

Leonardo Sciascia L'argomento dell'opera di Sciascia è la Sicilia, dove nacque nel 1921, la condizione cioè di un paese sospettoso ed ostile nei confronti di tutto ciò che non è siciliano. Nei suoi libri egli analizza la realtà della sua regione oggi, e cerca di spiegare le ragioni di questo "modo di essere". Tra le sue maggiori opere di narrativa e di saggistica ricordiamo *Gli zii di Sicilia, Il giorno della civetta, Le parrocchie di Regalpetra, A ciascuno il suo, Il contesto, Il consiglio d'Egitto, Il mare colore del vino, Todo modo, I pugnalatori.*

Stampato presso
Milanostampa di Farigliano (CN)
VI - 1987

Referenze iconografiche

Archivio Edizioni Scolastiche
Bruno Mondadori
Arnoldo Mondadori Editore
Fiat
Mairani